SEEK MODEL & TALENT SEARCH

formerly known as The Palm Group's IMSI

14 North Peoria, Suite 7G,
Chicago, IL 60607 USA
Contact: David Auffarth, Bob Himelstein, Paula Palm Lewis

T 1 312 633 9911
F 1 312 633 9922
W www.seektalent.com
E newfaces@seektalent.com

*See Ad In NYC Modeling Agencies Section.

UNITED SCOUTS OF AMERICA

9220 Sunset Boulevard, Suite 100,
West Hollywood, CA 90069 USA
Contact: Nicolas Schoenlaub, President

T 1 310 858 3316
F 1 310 858 3310
W www.unitedscouts.com

*See Ad In NYC Modeling Agencies Section.

MODEL & TALENT AGENCIES, ALABAMA

SCM PROMOTIONAL STAFFING

1084 Anna Drive,
Attalla, AL 35954 USA
Specializing in Promotional Models Nationwide.

T 1 256 538 2272
F 1 256 570 0583
E SCMPromoAL@cs.com

*See Ad This Section.

Cathi Larsen Model & Talent Agency

1675 Mont Claire Road, Suite 136,
Birmingham, AL 35210 USA

T 1 205 951 2445

E'lan Agency

1446 Montgomery Highway,
Birmingham, AL 35216 USA

T 1 205 823 9180
F 1 205 823 9177

REAL PEOPLE MODELS & TALENT
714 32nd Street S,
Birmingham, AL 35233 USA
Contact: Jay Brackin, Michael Fulmer
T 1 205 323 5437
F 1 205 323 3299
E agent@realpeople.com

Studio 4 Models
2313 Thomas Avenue,
Guntersville, AL 35976 USA
T 1 256 582 6999

PAMA: DBA THE PROF'L ACADEMY OF MODELING & ACTING SCHOOL & AGENCY
721 Clinton Ave West, Suite 4,
Huntsville, AL 35801 USA
Contact: Marie Hewett, Owner/Director/Agent
T 1 256 536 5200
F 1 256 536 5201

BAREFOOT MODELS & TALENT
750 Downtowner Loop W, Suite G,
Mobile, AL 36609 USA
Contact: Suzanne Massingill
T 1 334 344 5554
F 1 334 344 3383

CYNTHIA'S STUDIO
2030 Fourth Street East,
Montgomery, AL 36106 USA
Contact: Cynthia or Bruce
T 1 334 272 5555
F 1 334 262 7616
E CynthiasTalent@aol.com

TALENTSCOUTS MODEL & TALENT MGMT COMPANY
5928 Shane Circle,
Pinson, AL 35126 USA
Contact: Joyce Sharp
T 1 205 681 5889
F 1 205 681 2891

Macy's Modeling School & Agency
994 Main Street,
Roanoak, AL 36276 USA
T 1 334 863 7524
F 1 334 863 7524

ALABAMA TALENT MANAGEMENT
P.O. Box 020198,
Tuscaloosa, AL 35402-0198 USA
Contact: Linda Windham
T 1 205 364 8700
F 1 205 364 8813
***See Ad This Section.**

MODEL & TALENT AGENCIES, ALASKA

Cup'ik Warrior Productions
P.O. Box 240965,
Anchorage, AK 99524-0965 USA
T 1 907 258 2454
F 1 907 348 6681
F 1 907 248 7509

MODEL & TALENT AGENCIES, ARIZONA

Arizona Media Resources
4700 E Thomas Road, Suite 104,
Phoenix, AZ 85018 USA
T 1 602 224 5888
F 1 602 957 4070

JACQUIE HUGHES TALENT & MODEL MGMT/CASTING
6209 N 21st Drive,
Phoenix, AZ 85015-1902 USA
Contact: Jacquie Hughes
T 1 602 242 0306
F 1 602 265 1205

LEIGHTON AGENCY INC.
2231 East Camelback Road, Suite 319,
Phoenix, AZ 85016 USA
Contact: Ruth Leighton
T 1 602 224 9255
F 1 602 468 6888
SAG/AFTRA Franchised

Arizona s Premier Model and Talent Scouts!
alexa
pamela
bibi
robin
lee ashley
shannon
jessica
belinda
Network International Inc.®
chris
nick
our staff that makes an aspiring dream a reality!
patrik simpson CEO
royal Scouting/Promo.
erica New faces
matthew wilson Photography
chris
leslie
kevin
lindy
randy
casey
charles
keith
Papago Plaza 7025 E. McDowell Rd., Ste. 1A Scottsdale, AZ 85257 (602)941-6922
Tucson, AZ- (520)742-1090 / Beverly Hills, CA - (888)966-3456
www.network-models.com E-mail: NETWORKAZ@aol.com

Models Plus
500 E Thomas Road, Suite 304,
Phoenix, AZ 85019 USA
T 1 602 234 2628
F 1 602 234 2788

SIGNATURE MODELS & TALENT
2600 North 44th Street, Suite 209,
Phoenix, AZ 85008 USA
Broadcast Media/Print: Terri Hoffmann
T 1 480 966 1102
F 1 602 381 0956

THE YOUNG AGENCY
500 East Thomas Road, Suite 304,
Phoenix, AZ 85012 USA
Contact: Pamela A. Young
T 1 602 212 2668
F 1 602 234 2788
W www.modelsplusintl.com
E modelsplus@earthlink.net

ARIZONA MODELS & PROMOTIONS
4435 N Saddlebag Trail, Suite 3,
Scottsdale, AZ 85251 USA
Contact: Dana Van Deman
T 1 480 994 0880
F 1 480 994 4748
W www.azmodels.com
E azmodlin@aol.com

ELIZABETH SAVAGE TALENT
4949 E Lincoln Drive, Scottsdale, AZ 85253 USA
616 N Country Club Drive, Tucson, AZ 85716 USA
Contact: Elizabeth Savage
T 1 602 840 3530 Scottsdale
F 1 602 840 7024
T 1 520 795 8585 Tucson
F 1 520 795 5064

FORD ROBERT BLACK AGENCY
7525 E Camelback Road, Suite 200,
Scottsdale, AZ 85251 USA
Contact: Robert Black
T 1 480 966 2537
F 1 480 967 5424
W www.fordrobertblackagency.com
E FORDRBA@aol.com

JOHN ROBERT POWERS
5225 North Scottsdale Road,
Scottsdale, AZ 85250 USA
Contact: Diana Horner
T 1 480 424 7197
F 1 480 947 5046
W johnrobertpowers.net
***See Ad On Inside Front Cover Gatefold.**

L'Image/John Casablancas
7426 E Stetson Drive, Suite 220,
Scottsdale, AZ 85251 USA
T 1 480 941 4838
F 1 480 941 4856

NETWORK INTERNATIONAL, INC
7025 East McDowell Road, Suite 1A,
Scottsdale, AZ 85257 USA
Contact: Patrik Simpson / Royal Robins
T 1 480 941 6922
F 1 480 941 6933
W www.network-models.com
E NETWORKAZ@aol.com
***See Ad This Section.**

PRO-SCOUT, INC.
6991 East Camelback, Suite D204,
Scottsdale, AZ 85251 USA
Contact: Brian Marcus, Robin Deal
Model Scouting for Major Markets
T 1 480 425 3663
F 1 480 425 3699
W www.proscout.com
***See Ad in LA & NY Model Agencies Section.**

R MODELS MANAGEMENT INC
Scottsdale Fashion Square #300,
7150 East Camelback Road,
Scottsdale, AZ 85251 USA
Contact: W. Cody Garden
T 1 480 425 5834
F 1 800 494 7587
W www.Rmodels.com
***See Ad This Section.**

STARMAKER MODELS, TALENT & CASTING
4223 N Scottsdale Road,
Scottsdale, AZ 85251 USA
Contact: Steve Marshall
T 1 480 949 0180
F 1 480 949 0886
W www.starsusa.com
E models@starsusa.com

ACT THEATRICAL & MODELING AGENCY
2900 East Sierra Vista,
Tucson, AZ 85716 USA
Contact: Berenda Crellin, Director
T 1 520 795 4615
F 1 520 795 1935

BARBIZON OF TUCSON
4811 East Grant Road, Suite 255,
Tucson, AZ 85712 USA
Contact: Melissa Isaak, Owner
or Wendy Franklin, Agency Director
T 1 520 323 5010
F 1 520 323 7797
W www.modelingschools.com
E Barbmodels@aol.com

Elizabeth Savage Talent
616 N Country Club Drive,
Tucson, AZ 85716 USA
T 1 520 795 8585
F 1 520 795 5064

Flair Modeling Center Inc
6458 N Oracle Road, Suite 1,
Tucson, AZ 85704 USA
T 1 520 742 1090
F 1 520 742 3809

Fosi's Modeling & Talent Agency
2777 N Campbell, Suite 209,
Tucson, AZ 85719 USA
T 1 520 795 3534
F 1 520 795 6037

NETWORK INTERNATIONAL, INC
7025 East McDowell Road, Suite 1A,
Scottsdale, AZ 85257 USA
Contact: Patrik Simpson / Royal Robins
T 1 480 941 6922
F 1 480 941 6933
W www.network-models.com
E NETWORKAZ@aol.com
***See Ad This Section.**

TUCSON MODEL GROUP
8141 E Bellevue,
Tucson, AZ 85715 USA
Contact: Janet Ryan
T 1 520 751 8312
F 1 520 751 8312

MODEL & TALENT AGENCIES, ARKANSAS

MTM Agency/John Casablancas
416 West Meadow,
Fayetteville, AR 72701 USA
T 1 501 444 7972
F 1 501 587 8555

Wings International
478 CR 324,
Jonesboro, AR 72401 USA
T 1 870 933 7400
F 1 870 933 7400

THE AGENCY, INC
802 West 8th Street,
Little Rock, AR 72201 USA
Contact: Sarah Tackett
T 1 501 374 6447
F 1 501 374 8903
E stackett@aristotle.net

EXCEL MODELS AND TALENT
8201 Cantrell Road, Suite 215,
Little Rock, AR 72227 USA
Contact: Melissa Moody
T 1 501 227 4232
F 1 501 228 5084

FERGUSON MODELING & TALENT AGENCY
1100 West 34th Street,
Little Rock, AR 72206 USA
Contact: Erma Ferguson
T 1 501 375 3519

The Model Center
715 Sherman, Suite 13,
Little Rock, AR 72202 USA
T 1 501 372 6711

TERRY LONG MODELS
P.O. Box 7353,
Little Rock, AR 72217 USA
Contact: Terry Long Bogle
T 1 501 221 2202
F 1 501 224 4549
E TLmodels@aol.com

MODEL & TALENT AGENCIES, CALIFORNIA

EXTRAORDINAIRE MODELS & TALENT
200 New Stine Road, Suite 200,
Bakersfield, CA 93309 USA
Contact: Voloney White
T 1 661 397 4440
F 1 661 397 1157
E extraordinaire@usa.com

MCCRIGHT TALENT AGENCY
1011 Stine Road,
Bakersfield, CA 93309 USA
Contact: Ann McCright
T 1 661 835 1305
F 1 661 835 1329

JAB MODELS
23679 Calabasas Road, Suite 408,
Calabasas, CA 91302 USA
Contact: Karen Monaco
T 1 818 876 0804
F 1 818 876 0803
E jabmodels@earthlink.net

The Beverly Agency
371 Mobile Avenue, Suite 5,
Camarillo, CA 93010 USA
T 1 805 445 9262
F 1 805 987 3469

ELEGANCE TALENT AGENCY & MODEL MANAGEMENT
2763 State Street,
Carlsbad, CA 92008 USA
Contact: Pam Pahnke
T 1 760 434 3397
F 1 760 434 1406
SAG/AFTRA Franchised

JOHN ROBERT POWERS
20 Independence Circle,
Chico, CA 95973 USA
Contact: Martha Bailes
T 1 530 879 5900
F 1 530 879 5905
W www.johnrobertpowers.net
***See Ad On Inside Front Cover Gatefold.**

JOHN ROBERT POWERS
505 South Corona Mall,
Corona, CA 91719 USA
Contact: Betty Otte
T 1 909 372 1200
F 1 909 372 1205
W www.johnrobertpowers.net
***See Ad On Inside Front Cover Gatefold.**

Max Model & Talent Management
980 Springfield Street,
Costa Mesa, CA 92626 USA
T 1 714 641 7430
F 1 714 641 7430

TMA Agency
129 W Wilson Street, Suite 202,
Costa Mesa, CA 92627 USA
T 1 949 574 1100
F 1 949 574 1122

MARI SMITH PRESENTS, INC
MODEL & TALENT AGENCY
101 State Place, Suite D,
Escondido, CA 92029 USA
Contact: Sandi Smith
T 1 760 745 1627
F 1 760 432 8746
T 1 888 506 6060 Clients Only
E mspi@ix.netcom,com
***See Ad Under San Diego Area.**

BARBIZON OF FRESNO
4844 N 1st Street, Suite 104,
Fresno, CA 93762 USA
Contact: Steven Neubauer
T 1 559 225 4883
F 1 559 225 4867

JOHN ROBERT POWERS
16434 Beach Boulevard,
Huntington Beach, CA 92683 USA
Contact: Tiffany Minami
T 1 714 375 4400
F 1 714 375 4499
W www.johnrobertpowers.net
***See Ad On Inside Front Cover Gatefold.**

SCREAM ENTERTAINMENT MANAGEMENT
15500 Rockfield Blvd, Suite C,
Irvine, CA 92618 USA
Contact: Beth Byram-Engen,
CJ Stack, Marion R Byram
T 1 949 837 9900
F 1 949 837 5863
W www.screammgmt.com

SELECT MODELS & TALENT MANAGEMENT
4000 Barranaca Parkway, Suite 250,
Irvine, CA 92604 USA
Contact: Petrina Milburn, Teens/Adults
Contact: Lisa Burdick, Kids
T 1 949 262 3293
F 1 949 262 3294
E LDYP@aol.com

JOHN ROBERT POWERS
24310 Moulton Parkway, Suite I,
Laguna Hills, CA 92653 USA
Contact: Tiffany Minami
T 1 949 609 1600
F 1 949 609 1601
W www.johnrobertpowers.net
***See Ad On Inside Front Cover Gatefold.**

JET SET MANAGEMENT & AGENCY
2160 Avenida De La Playa,
La Jolla, CA 92037 USA
Contact: Cindy Kauanui
T 1 858 551 9393
F 1 858 551 9392
W www.jetsetmanagement.com
E newfaces@jetsetmanagement.com

NOUVEAU MODEL & TALENT MGMT, INC.
909 Prospect Street, Suite 230,
La Jolla, CA 92037 USA
Contact: Peter Hamm, Jr, CEO
T 1 858 456 1400
F 1 858 456 1969

CHIC MODELS
5353 Paoli Way,
Long Beach, CA 90803 USA
Contact: Patty Mezin
T 1 562 433 8097
F 1 562 433 2224
W www.chicmodels.com
E faces@chicmodels.com

Barbizon
4281 Katella Avenue, Suite 119,
Los Alamitos, CA 90720-3341 USA
T 1 714 816 0644
F 1 714 816 0693

CALIFORNIA, LOS ANGELES, CASTING DIRECTORS

Aaron Griffith
8424A Santa Monica Boulevard, Suite 517,
W Hollywood, CA 90069 USA
T 1 310 659 6412

ABC Casting
2040 Avenue of the Stars, 5th Floor,
Los Angeles, CA 90067 USA
T 1 310 557 7777

Al Guarino
2118 Wilshire Boulevard, Suite 995,
Santa Monica, CA 90403 USA
T 1 310 829 6009

Andrea Cohen
4063 Radford Avenue, Suite 109,
Studio City, CA 91604 USA
T 1 818 623 8994

Anna Camille Miller
5400 McConnell Avenue,
Los Angeles, CA 90066 USA
T 1 310 448 7182

Annelise Collins Casting
1103 El Centro,
Los Angeles, CA 90038 USA
T 1 213 962 9562

Annette Benson, CSA
Kushner-Locke Co, 11601 Wilshire Boulevard, 21st Floor,
Los Angeles, CA 90025 USA
T 1 310 445 1111

April Webster Casting
513 Wilshire Boulevard, Suite 196,
Santa Monica, CA 90401 USA
T 1 310 285 8631

ASG Casting
12716 Riverside Drive,
N Hollywood, CA 91607 USA
T 1 818 762 0200

Ava Shevitt
Village Studio, 519 Broadway,
Santa Monica, CA 90401 USA
T 1 310 656 4600

Baker-Nisbet
451 N La Cienega Boulevard,
Los Angeles, CA 90048 USA
T 1 310 657 5687

Barbara Claman Inc
10834 Burbank Boulevard, Suite C200,
N H'wood, CA 91601 USA
T 1 818 755 9235

Barbara King
14225 Ventura Boulevard,
Sherman Oaks, CA 91423 USA
T 1 818 981 4950

Barbara Lauren-Ryan
11684 Ventura Boulevard, Suite 11,
Studio City, CA 91604 USA
T 1 818 506 6111

Barbara Remsen & Assocs
650 N Bronson Avenue, Suite 124,
Los Angeles, CA 90004 USA
T 1 323 464 7968
F 1 323 464 7970

Barbara Remsen & Assocs
650 N Bronson, Suite 124,
Los Angeles, CA 90004 USA
T 1 213 464 7968
F 1 213 464 7970

BCI Casting
10834 Burbank Boulevard, Suite C-200,
N Hollywood, CA 91601 USA
T 1 818 980 5277

Beth Holmes Casting
11331 Ventura Boulevard,
Studio City, CA 91604 USA
T 1 818 752 8100

Beth Klein
Viacom, 10880 Wilshire Boulevard, Suite 1101,
Los Angeles, CA 90024 USA
T 1 310 234 5035

Beverly Long
11425 Moorepark Street,
Studio City, CA 91602 USA
T 1 818 754 6222

Big Ticket Television
Sunset-Gower Studios, 1438 N Gower, Bldg 35, Box 45,
Los Angeles, CA 90028 USA
T 1 323 860 7425

Blanca Valdez Casting En Espanol
P.O. Box 38176,
Los Angeles, CA 90038 USA
T 1 323 960 7964

Bob Harbin
10210 W Pico Boulevard, Exec Bldg, Suite 335,
Los Angeles, CA 90035 USA
T 1 310 369 1000

Bonnie Pietila
10201 W Pico Boulevard, Trailer 730, Suite 2,
Los Angeles, CA 90035 USA
T 1 310 369 3632

Bonnie Zane
3960 Ince Boulevard, Suite 119,
Culver City, CA 90232 USA
T 1 310 202 5525

Brian Chavanne
Disney-Touchstone TV, Team Disney Bldg, Suite 418A,
Burbank, CA 91521 USA
T 1 818 560 7625

Brien Scott, CSA, CCAA
18034 Ventura Boulevard, Suite 275,
Encino, CA 91316 USA
T 1 818 343 3669

Brown/West Casting
7319 Beverly Boulevard,
Los Angeles, CA 90036 USA
T 1 213 938 2575

Buck/Edelman Casting
4045 Radford Avenue, Suite B,
Studio City, CA 91604 USA
T 1 818 506 7328

Caro Jones Casting
P.O. Box 3329,
Los Angeles, CA 90078 USA
T 1 323 664 0460

Carol Lefko
P.O. Box 85409,
Los Angeles, CA 90073 USA
T 1 310 888 0007

Cast & Crew
4201 W Burbank,
Burbank, CA 91505 USA
T 1 818 848 0906

Casting Society of America (CSA)
606 N Larchmont Boulevard, Suite 4B,
Los Angeles, CA 90004 USA
T 1 323 463 1925

Cathi Carlton
Westside Casting Studios, 2050 S Bundy Drive,
Los Angeles, CA 90025 USA
T 1 310 820 9200

CBS Casting
CBS Television City, 7800 Beverly Boulevard, Suite 284,
Los Angeles, CA 90036 USA
T 1 323 575 2335

Center Theatre Group
601 W Temple Street,
Los Angeles, CA 90012 USA
T 1 213 972 7374

Central Casting
1700 W Burbank Boulevard,
Burbank, CA 91506 USA
T 1 818 562 2700

Champion/Paladini Casting
8600 Tamarack Avenue,
Sun Valley, CA 91352 USA
T No Phone Calls

CHN Int'l Agency
7428 Santa Monica,
Los Angeles, CA 90046 USA
T 1 213 874 8252

Christian Kaplan
10201 W Pico Boulevard, Bldg 12, Suite 201,
Los Angeles, CA 90004 USA
T 1 310 369 1883

Christy Dooley
CBS TV City, 7800 Beverly Boulevard, Suite 3371,
Los Angeles, CA 90036 USA
T 1 323 852 4501

Clair Sinnett Casting
937 N Beverly Glen Boulevard,
Bel Air, CA 90077 USA
T 1 310 470 8641

Crash Casting-Commercials
541 N Lucerne Boulevard,
Los Angeles, CA 90004 USA
T 1 323 460 2961

Dan Shaner
10866 Wilshire Boulevard, Suite 200,
Los Angeles, CA 90024 USA
T 1 310 446 0141

Dana Polehanki
5555 Melrose Avenue, Bob Hope Bldg, Suite 206,
Los Angeles, CA 90038 USA
T 1 323 956 5480

Danny Goldman Assocs
1006 N Cole Avenue,
Los Angeles, CA 90038 USA
T 1 213 463 1600
F 1 213 463 3139

Dava Waite
100 Universal City Plaza, Bldg 463, Suite 104,
Universal City, CA 91608 USA
T 1 818 777 1000

David Giella
12711 Ventura Boulevard, Suite 280,
Studio City, CA 91604 USA
T 1 818 508 3361

David Rubin & Assocs
8721 Sunset Boulevard, Suite 208,
Los Angeles, CA 90069 USA
T 1 310 652 4441

Davis/Baddeley Casting
1161 N Las Palmas Avenue,
Los Angeles, CA 90038 USA
T 1 323 769 9377

Deborah Barylski Casting
Zorro Bldg, 500 S Buena Vista Street, Suite 9,
Burbank, CA 91521 USA
T 1 818 560 3570

Deborah Kurtz
1345 Abbot Kinney Boulevard,
Venice, CA 90291 USA
T 1 310 452 6800

Debra Neathery
4820 N Cleon Avenue,
N Hollywood, CA 91601 USA
T 1 818 506 5524

Debra Rubinstein Casting
5757 Wilshire Boulevard, Suite 670,
Los Angeles, CA 90036 USA
T 1 213 525 2856

Deborah Aquila
Bob Hope Bldg, 5555 Melrose Avenue, Suite 200,
Los Angeles, CA 90038 USA
T 1 213 956 5444

Deborah Barylski
Zorro Bldg, 500 S Buena Vista Street, Suite 9,
Burbank, CA 91521 USA
T 1 818 560 2896

Debra Rubinstein Casting
5757 Wilshire Boulevard, Suite 670,
Los Angeles, CA 90036 USA
T 1 213 525 2856

Denise Chamian
606 N Larchmont Boulevard, Suite 4B,
Los Angeles, CA 90004 USA
T 1 323 463 1925

Dennis Gallegos Casting
639 N Larchmont Boulevard, Suite 207,
Los Angeles, CA 90004-1322 USA
T 1 323 469 3577
F 1 323 464 8230

Diane Crittenden
2321 Abbott Kinney Drive, Suite 200,
Venice, CA 90291 USA
T 1 310 827 7730

Disney Channel
3800 W Alameda Avenue, Suite 529,
Burbank, CA 91505 USA
T 1 818 569 7500

Divisek Casting & Assocs
6420 Wilshire Boulevard, Suite LL100,
Los Angeles, CA 90048 USA
T 1 323 655 7766
F 1 323 822 2199

Donise L Hardy
1317 N San Fernando Boulevard, Suite 326,
Burbank, CA 91504 USA
T 1 818 556 6218

Donna Isaacson
10201 W Pico Boulevard, Bldg 12, Suite 201,
Los Angeles, CA 90004 USA
T 1 310 369 1824

Donovan-Foley Theatrical Casting
12716 Riverside Drive,
N Hollywood, CA 91607 USA
T 1 818 985 9902

Dorothy Koster Casting
1901 Avenue of the Stars, Suite 605,
Los Angeles, CA 90067 USA
T 1 310 843 0223

DreamWorks Casting
10 Universal City Plaza, Bldg 10, 27th Floor,
Universal City, CA 91608 USA
T 1 818 695 5000

E! Entertainment TV
5670 Wilshire Boulevard, Lvl B-1,
Los Angeles, CA 90036 USA
T 1 323 954 2990

Elina DeSantos & Co
P.O. Box 1718,
Santa Monica, CA 90406 USA
T 1 310 829 5958
F 1 310 829 9323

Elizabeth Brady
1301 N Orange Grv,
Los Angeles, CA 90046 USA
T 1 213 876 5636

Ellen Meyer
301 N Canon Drive, Suite 300,
Beverly Hills, CA 90210 USA
T 1 310 273 7773

Erik DeSando
2050 S Bundy Drive, Suite 200,
Los Angeles, CA 90025 USA
T 1 310 820 4033

Eugene Blyth
500 S Buena Vista, Team Disney Bldg, Suite 4178,
Burbank, CA 91521 USA
T 1 818 560 5151

Fenton-Cowitt Casting
16311 Ventura Boulevard, Suite 1255,
Encino, CA 91436 USA
T 1 818 501 0177

Fern Champion
606 N Larchmont, Suite 4B,
Los Angeles, CA 90004 USA
T 1 213 463 1925

Finn Casting/MGM-UA
2500 Broadway Street, Suite E5014,
Santa Monica, CA 90404 USA
T 1 310 586 8220

FOX Casting
10201 W Pico Boulevard,
Los Angeles, CA 90035 USA
T 1 310 369 1000

Francene Selkirk, CCDA, Shooting from the Hip Casting
Zydeco Studios, 11317 Ventura Boulevard,
Studio City, CA 91604 USA
T 1 818 506 0613

Francine Maisler
10202 W Washington Boulevard, Tristar Bldg, Suite 207,
Culver City, CA 90232 USA
T 1 310 244 6945

Gabrielle Schary
1418 Abbot Kinney Boulevard,
Venice, CA 90291 USA
T 1 310 450 0835

Gerald Wolff
8391 Beverly Boulevard, Suite 302,
Los Angeles, CA 90048 USA
T 1 323 655 2511

Glicksman/Orenstein Casting
5433 Beethoven,
Los Angeles, CA 90066 USA
T 1 310 302 9149

Goodman-Edelman Casting
9157 Sunset Boulevard, Suite 200,
Los Angeles, CA 90069 USA
T 1 310 772 0722

Heidi Levitt
1020 N Cole Avenue, 2nd Floor,
Los Angeles, CA 90038 USA
T 1 323 467 7400

Helen Mossler
5555 Melrose Avenue,
Bludhorn Bldg, Suite 128/129,
Los Angeles, CA 90038 USA
T 1 323 956 5578

Henderson-Zuckerman Casting
225 Santa Monica Boulevard, Suite 414,
Santa Monica, CA 90401 USA
T 1 310 656 3388

Hispanic Talent Casting of Hollywood
P.O. Box 46123,
Los Angeles, CA 90046 USA
T 1 323 934 6465

HKM Productions
1641 N Ivar Street,
Los Angeles, CA 90028 USA
T 1 213 243 9522

Hollywood Pictures
500 S Buena ViStreeta St, Team Disney Bldg, Suite 212D,
Burbank, CA 91521 USA
T 1 818 560 2085

Hymson-Ayer Casting
100 Universal City Plaza, Bldg 78, 1st Floor,
Universal City, CA 91608 USA
T 1 818 777 6748

Ingels Inc
7080 Hollywood Boulevard, Suite 1116,
H'wood, CA 90028 USA
T 1 213 464 0800

Irene Mariano Casting
300 S Television Plz, Suite ldg #140,
Burbank, CA 91505 USA
T 1 818 954 7643

Iris Grossman
TNT, 1888 Century Park East, 14th Floor,
Los Angeles, CA 90067 USA
T 1 310 551 6358

Jane Jenkins
7461 Beverly Boulevard, Suite PH,
Los Angeles, CA 90036 USA
T 1 213 938 0700

Jason La Padura
606 N Larchmont Boulevard, Suite 4B,
Los Angeles, CA 90004 USA
T 1 213 463 1925

Jeff Gerrard
Big House Studios, 4420 Lankershim Boulevard,
N Hollywood, CA 91602 USA
T 1 818 752 7100

Jeff Greenberg & Assocs
Marx Bros Bldg, 5555 Melrose Avenue, Suite 102,
Los Angeles, CA 90038 USA
T 1 323 956 4886

Jennifer J Part
UPN, 11800 Wilshire Boulevard,
Los Angeles, CA 90025 USA
T 1 310 575 7019

Jennifer Shull
6565 Sunset Boulevard, Suite 306,
Los Angeles, CA 90028 USA
T 1 213 463 1925

Jessica Overwise
17250 Sunset Boulevard, Suite 304,
Pacific Palisades, CA 90272 USA
T 1 310 459 2686

Joan Mulkeen Casting
1418 Abbot Kinney Boulevard,
Venice, CA 90291 USA
T 1 310 450 9228

Joanna Colbert
Universal Studios, 100 Universal City Plz, Suite 8A,
Universal City, CA 91608 USA
T 1 818 777 7581

Joanne Zaluski
9100 Whilshire Boulevard,
Beverly Hills, CA 91212 USA
T 1 310 456 5160

Johanna Ray & Assocs
1022 Palm Avenue, Suite 2,
W Hollywood, CA 90069 USA
T 1 310 652 2511

John A Aiello Casting, CSA
3400 Riverside Drive, Suite 100,
Burbank, CA 91505 USA
T 1 818 238 2203

John Levey
300 S Television Plaza Bldg 140, Suite 138
, Burbank, CA 91505 USA
T 1 818 954 7646

Joseph Middleton Casting
333 S Beverly Drive, Suite 207,
Beverly Hills, CA 90212 USA
T 1 310 286 9566

Judy Landau Casting
1453 7th Street,
Santa Monica, CA 90401 USA
T 1 310 393 6886
F 1 310 393 4037

Julie Hutchinson
10201 W Pico Boulevard, Bldg 12, Suite 201,
Los Angeles, CA 90004 USA
T 1 310 369 1892

Junie Lowry-Johnson Casting
10201 W Pico Boulevard, Bochco Bldg, Suite 232,
Los Angeles, CA 90004 USA
T 1 310 369 1296

Kate Kennedy
10930 Ashton, Suite 410,
Los Angeles, CA 90024 USA
T 1 213 444 1403

Kathy Smith Casting
13527 Ventura Boulevard, Studio B,
Sherman Oaks, CA 91423 USA
T 1 818 907 1717

Katy & Co
1918 W Magnolia Boulevard, Suite 206,
Burbank, CA 91506 USA
T 1 818 563 4121

Kelly Casting
Chelsea Studios, 4605 Lankershim Boulevard, Suite 500,
N Hollywood, CA 91602 USA
T 1 818 762 0500

Lansburg-Adler Casting
P.O. Box 56687,
Sherman Oaks, CA 91413 USA
T 1 818 981 4995

LaPadura/Hart Casting
1950 Sawtelle Boulevard, Suite 282,
Los Angeles, CA 90025 USA
T 1 310 575 5630

Laura Gleason Casting
15030 Ventura Boulevard, Suite 747,
Sherman Oaks, CA 91403 USA
T 1 818 906 9767

Laura Schiff
2118 Wilshire Boulevard, Suite 338,
Santa Monica, CA 90403 USA
T 1 310 451 7320

Laurel Smith
1861 Bundy Drive, Suite 110,
Los Angeles, CA 90025 USA
T 1 310 315 5279

Leah Daniels-Butler
300 Television Plaza, Bldg 140, 1st Floor,
Burbank, CA 91505 USA
T 1 818 954 7464

Leslee Feldman
100 Universal City Plaza, Bldg 10, 27th Floor,
Universal City, CA 91608 USA
T 1 818 733 6411

Liberman/Hirschfeld Casting
5979 W 3rd Street, Suite 204,
Los Angeles, CA 90036 USA
T 1 213 525 1381

Lila Selik Casting
1551 S Robertson Boulevard, Suite 202,
Los Angeles, CA 90035 USA
T 1 310 556 2444

Lisa London Casting
6565 Sunset Boulevard, Suite 306,
Los Angeles, CA 90028 USA
T 1 818 552 3510
F 1 818 552 3681

Lisa Miller Katz, CSA
4000 Warner Boulevard, Bldg 131,
Burbank, CA 91522 USA
T 1 818 954 7586

Loree Booth
TLC, 6521 Homewood Avenue,
Hollywood, CA 90028 USA
T 1 323 464 2788

Louis Goldstein
P.O. Box 691037,
W Hollywood, CA 90069 USA
T 1 310 657 0630

Lynn Stalmaster & Assocs
500 S Sepulveda Boulevard, Suite 600,
Los Angeles, CA 90049 USA
T 1 310 552 0983

Mackey/Sandrich
1888 Century Pk E, 3rd Floor,
Los Angeles, CA 90067 USA
T 1 310 282 2902
F 1 310 282 2541

Magic Casting
1660 Couger Ridge Road,
Buellton, CA 93427 USA
T 1 805 688 3702

Mali Finn
4000 Warner Boulevard, Suite 10,
Burbank, CA 91522 USA
T 1 818 954 4411

Mambo Casting
8679 W Olympic Boulevard,
Los Angeles, CA 90035 USA
T 1 310 657 6108

Marcy Liroff Casting
P.O. Box 48498,
Los Angeles, CA 90048 USA
T 1 818 977 8924

Margarette & Kennedy
437 S Fairview Street,
Burbank, CA 91505 USA
T 1 818 562 3329
F 1 818 562 3223

Marilyn Granas
220 S Palm Drive,
Beverly Hills, CA 90212 USA
T 1 310 278 3773

Marilyn Mandel Casting
P.O. Box 691044,
W Hollywood, CA 90069 USA
T 1 310 271 2527

Marion Dougherty
4000 Television Plaza, Main Admin Bldg, Suite 117,
Burbank, CA 91522 USA
T 1 818 954 3021

Mark Malis
3405 Cahuenga Boulevard W,
Los Angeles, CA 90068 USA
T 1 323 874 4131

Mark Teschner Casting
ABC TV Ctr, 4151 Prospect Avenue, Gen'l Hosp Bldg,
Los Angeles, CA 90027 USA
T 1 310 557 5542

Mary Downey Productions
230 N Valley Street, Suite 214,
Burbank, CA 91505 USA
T 1 818 563 1200

Mary Vernieu
1150 Yale Street, Suite 9,
Santa Monica, CA 90403 USA
T 1 310 315 3558

McSharry-Warshaw Casting
3000 S Robertson Boulevard, Suite 245,
Los Angeles, CA 90035 USA
T 1 310 558 5047

Megan Branman
100 Universal City Plz, Bldg 463, Suite 112,
Universal City, CA 91608 USA
T 1 818 777 1744

Megan Foley Commercial Casting
12716 Riverside Drive,
N Hollywood, CA 91607 USA
T 1 818 755 9455

Melton-Bens Casting
1438 N Gower Street, Bldg 35, Rm 264, Mailbox G-36,
Hollywood, CA 90028 USA
T 1 323 993 7930

Meryl O'Loughlin
7800 Beverly Boulevard, Suite 3305,
Los Angeles, CA 90036 USA
T 1 323 852 2803

Meyer/Oberst Casting
301 M Canon Drive, Suite 300,
Beverly Hills, CA 90210 USA
T 1 310 273 7773

Michael Lien Casting
7461 Beverly Boulevard,
Los Angeles, CA 90036 USA
T 1 213 937 0411

Mick Dowd/Tom Reudy Casting
5724 W 3rd, Suite 508,
Los Angeles, CA 90036 USA
T 1 323 665 1776

Mike Fenton & Assocs
14724 Ventura Boulevard, Suite 510,
Sherman Oaks, CA 91403 USA
T 1 818 501 0177

Mike Humphrey
2060 S Bundy Drive,
Los Angeles, CA 90025 USA
T 1 310 820 9200

Molly Lopata Casting
13731 Ventura Boulevard, Suite A,
Studio City, CA 91423 USA
T 1 818 788 0673

Molly Lopata Casting
12725 Ventura Boulevard, Suite i,
Sherman Oaks, CA 91604 USA
T 1 818 753 8086

Monica Swann Casting
12031 Ventura Boulevard, Suite 4,
Studio City, CA 91604 USA
T 1 818 769 8564

Monkey Bros Casting
5724 W 3rd Street,
Los Angeles, CA 90036 USA
T 1 323 954 0007

Montgomery-Parada Casting
1012 Fair Oaks Avenue, Suite 218,
S Pasadena, CA 91030 USA
T 1 310 341 5169

M.R. Cooper Casting
P.O. Box 461614,
Los Angeles, CA 90046 USA
T 1 323 937 1875

Nan Dutton, CSA
10201 W Pico Boulevard, Bochco Bldg, Suite 133,
Los Angeles, CA 90004 USA
T 1 310 369 3387

Nancy Foy Casting
6565 Sunset Boulevard, Suite 306,
Los Angeles, CA 90028 USA
T 1 213 463 1925

NBC Casting
3000 W Alameda Avenue,
Burbank, CA 91523 USA
T 1 818 840 4444

Nicolau Casting
P.O. Box 480026,
Los Angeles, CA 90046 USA
T 1 323 650 9899

Pagano-Manwiller
10201 W Pico Boulevard, Suite 776,
Los Angeles, CA 90035 USA
T 1 310 369 3153

Paige Casting
P.O. Box 69964,
Los Angeles, CA 90069 USA
T 1 818 760 3040

Pam Dixon Casting
P.O. Box 672,
Beverly Hills, CA 90213 USA
T 1 310 271 8064

Pamela Shae, Spelling TV Inc
5700 Wilshire Boulevard, Suite 575,
Los Angeles, CA 90036 USA
T 1 323 965 5784

Pantone Casting
1662 Hillhurst Avenue,
Los Angeles, CA 90027 USA
T 1 323 953 1200

Paramount Pictures Casting (Features)
5555 Melrose Avenue, Bob Hope Bldg, Suite 206,
Los Angeles, CA 90038 USA
T 1 323 956 5444

Paramount Pictures Casting (TV)
5555 Melrose Avenue, Bludhorn Bldg, Suite 128,
Los Angeles, CA 90038 USA
T 1 323 956 5578

Patrick Baca Ltd
8306 Wilshire Boulevard, PMB 7004,
Beverly Hills, CA 90211-2382 USA
T 1 323 658 1008
F 1 323 658 5949

Patton Cami
1438 N Gower Street, Bldg 35, Suite 577,
Hollywood, CA 90028 USA
T 1 213 960 8276

Paul Ventura
Chelsea Studios, 4605 Lankershim Boulevard, Suite 500,
N Hollywood, CA 91602 USA
T 1 818 762 1900

Pemrick/Fronk Casting
14724 Ventura Boulevard, PH,
Sherman Oaks, CA 91403 USA
T 1 818 325 1289

Peter Wise
Chelsea Studios, 4605 Lankershim Boulevard, Suite 500,
N Hollywood, CA 91602 USA
T 1 818 762 1900

Penny Musarra
1840 Centuy Park E, Suite 400,
Los Angeles, CA 90067 USA
T 1 310 557 2444

Phaedra Harris Casting
8255 Sunset Boulevard,
Los Angeles, CA 90046 USA
T 1 323 848 4385

Producers Casting Agency
234 Monte Grigio Drive,
Pac Palisades, CA 90272 USA
T 1 213 464 8233

Rachelle Farberman
13601 Ventura Boulevard, Suite 686,
Sherman Oaks, CA 91423 USA
T 1 818 905 1806

Randy Stone
10201 W Pico Boulevard, Bldg 54, Suite 6,
Los Angeles, CA 90004 USA
T 1 310 369 4115

Rene Haynes
1314 Scott Road, Upper Level,
Burbank, CA 91504 USA
T 1 818 842 0187

Reuben Cannon & Assocs
5225 Wilshire Boulevard, Suite 526,
Los Angeles, CA 90036 USA
T 1 323 939 3190

Richard DeLancy & Assocs
4741 Laurel Canyon Boulevard, Suite 100,
N Hollywood, CA 91607 USA
T 1 818 760 3110
F 1 818 760 1382

Rick Millikan
10201 W Pico Boulevard, Bldg 75,
Los Angeles, CA 90035 USA
T 1 310 203 2772

Rise Barish Casting
21920 Lamplighter Lane,
Malibu, CA 90265 USA
T 1 310 456 9018

Robi Reed & Assocs
1635 N Cahuenga Boulevard, 5th Floor,
Los Angeles, CA 90028 USA
T 1 323 769 2455

Robyn Knoll
225 Santa Monica Boulevard, Suite 607,
Santa Monica, CA 90401 USA
T 1 310 260 9403

Robin Lippin
330 Bob Hope Drive, Suite C110,
Burbank, CA 91523 USA
T 1 818 840 7643

Robin Stoltz Nassif
2040 Avenue of the Stars, 5th Floor,
Los Angeles, CA 90067 USA
T 1 310 557 6423

Rodeo Casting
7013 Willoughby Avenue,
Los Angeles, CA 90038 USA
T 1 323 969 9125

Roger Mussenden, CSA
10536 Culver Boulevard, Suite C,
Culver City, CA 90232 USA
T 1 310 559 9334

Ron Stephenson
4029 Lankershim Boulevard, Bldg 463, Suite 100,
Univ City, CA 91608 USA
T 1 818 777 3498

Ronnie Yeskel
6565 Sunset Boulevard, Suite 306,
Los Angeles, CA 90028 USA
T 1 213 463 1925

Ruth Burch
9056 Santa Monica Boulevard,
Los Angeles, CA 90069 USA
T 1 213 273 1161

Ruth Conforte
5300 Laurel Canyon Boulevard, Suite 168,
N Hollywood, CA 91607 USA
T 1 818 771 7287

Sandra Merrill
6671 Sunset Boulevard, Bldg 1509, Suite 101,
Los Angeles, CA 90028 USA
T 1 323 465 9898

Sarah Halley Finn
5555 Melrose Avenue, Bob Hope Bldg, Suite 206,
Los Angeles, CA 90038 USA
T 1 323 956 5480

Shancy Pierce
4047 Radford Avenue,
Studio City, CA 91604 USA
T 1 818 785 9568

Shari Rhodes
1041 N Formosa Avenue, Formosa Bldg, Suite 221,
W Hollywood, CA 90046 USA
T 1 323 850 2435

Sharon Bialy
P.O. Box 570308,
Tarzana, CA 91356 USA
T 1 818 342 8630
F 1 818 342 8744

Sheila Manning Casting
508 S San Vicente Boulevard,
Los Angeles, CA 90048 USA
T 1 213 852 1046

Slater & Assocs Casting
2425 Colorado Avenue, Suite 204,
Santa Monica, CA 90404 USA
T 1 310 449 3685

Stephen Snyder & Assocs
1801 N Kingsley Drive, Suite 202,
Hollywood, CA 90027 USA
T 1 323 465 4241

Stephen Snyder
1801 N Kingsley Drive, Suite 202,
Hollywood, CA 90027 USA
T 1 213 465 4241

Stiner Casting
12228 Venice Boulevard, Suite 503,
Los Angeles, CA 90066 USA
T 1 310 827 9796

Sue Swan
201 Wilshire Boulevard, 3rd Floor,
Santa Monica, CA 90401 USA
T 1 310 458 5424

Susan Booker
P.O. Box 5840,
Beverly Hills, CA 90209 USA
T 1 323 954 0433

Susan Glicksman & Assocs
5433 Beethoven,
Los Angeles, CA 90066 USA
T 1 310 302 9149

Susan Havins
Chelsea Studios, 4605 Lankershim Boulevard, Suite 500,
N Hollywood, CA 91602 USA
T 1 818 762 1900

Susan McCray
P.O. Box 951,
Malibu, CA 90265 USA
T 1 310 317 4400

Susan Smith & Assocs
121 N San Vicenta Boulevard,
Beverly Hills, CA 90211 USA
T 1 213 852 4777
F 1 213 658 7170

Susan Tyler Commercial Casting
2nd Story Studios, 13107 Ventura Boulevard,
Studio City, CA 91604 USA
T 1 818 506 0400

Tarzia-Collins Casting
1103 N El Centro Avenue,
Hollywood, CA 90038 USA
T 1 323 962 9562

Tepper/Gallegos Casting
611 N Larchmont Boulevard, 1st Floor,
Los Angeles, CA 90004-1322 USA
T 1 213 469 3577
F 1 213 464 8230

Terry Berland Casting
2050 S Bundy Drive,
Los Angeles, CA 90025 USA
T 1 310 571 4141
F 1 310 820 5408

Theodore S Hann, Warner Bros TV
300 Television Plaza, Bldg 140, 1st Floor,
Burbank, CA 91505 USA
T 1 818 954 7646

Thomas Carnes
P.O. Box 4220,
Los Angeles, CA 90078 USA
T 1 805 297 9239

Tina Seiler
P.O. Box 46321,
Los Angeles, CA 90046 USA
T 1 818 382 7929

TLC/Booth Inc
6521 Homewood Avenue,
Los Angeles, CA 90028 USA
T 1 213 464 2788

Tom McSweeney Casting
1990 Westwood Boulevard, Suite 115,
Los Angeles, CA 90025 USA
T 1 310 470 7706

Tondino-Warren Casting
401 Riverside Drive,
Burbank, CA 91506 USA
T 1 818 843 1902

Tory Herald
6250 Canoga Avenue,
Woodland Hills, CA 91367 USA
T 1 818 615 2100

Tracy Lilienfeld
4024 Radford Avenue, Bungalow 9,
Studio City, CA 91604 USA
T 1 818 784 3901

Ulrich/Dawson/Kritzer Casting
3151 Cahuenga Boulevard W, Suite 310,
Los Angeles, CA 90068 USA
T 1 323 845 1100

Universal Studios
100 Universal City Plaza,
Universal City, CA 91608 USA
T 1 818 777 1000

UPN Casting
11800 Wilshire Boulevard,
Los Angeles, CA 90025 USA
T 1 310 575 7000

Valerie McCaffrey
825 N San Vicente Boulevard, 3rd Floor,
Los Angeles, CA 90069 USA
T 1 310 967 6750

Vicki Rosenberg & Assocs
10202 W Washington Boulevard,
David Lean Bldg, Suite 219,
Culver City, CA 90232 USA
T 1 310 280 8726

Victoria Burrows
11811 W Olympic Boulevard, Suite 105,
Los Angeles, CA 90064 USA
T 1 310 996 3127
F 1 310 996 7732

Vivian McRae
P.O. Box 1351,
Burbank, CA 91507 USA
T 1 818 848 9590

Voicecaster
1832 W Burbank Boulevard,
Burbank, CA 91506 USA
T 1 818 841 5300
F 1 818 841 2085

Warner Bros Television
300 Television Plaza, Bldg 140, 1st Floor,
Burbank, CA 91505 USA
T 1 818 954 7646

WBN Casting
4000 Warner Boulevard,
Burbank, CA 91522 USA
T 1 818 954 6000

Wendi Matthews
10201 W Pico Boulevard, Bldg 100, Suite 4025,
Los Angeles, CA 90035 USA
T 1 310 369 3849

Wild Willa Casting
1321 Garden Street,
Glendale, CA 91201-2715 USA
T 1 818 637 7817

Yeskel-Hicks Casting
225 Santa Monica Boulevard, Suite 310,
Santa Monica, CA 90401 USA
T 1 310 451 3233

Yumi Takada Casting, CCDA
1830 The Strand, Suite 3,
Hermosa Beach, CA 90254 USA
T 1 310 372 7287

CALIFORNIA, LOS ANGELES-AREA, MODEL AGENCIES

MODEL AND TALENT AGENCY
AFFINITY
SAN FRANCISCO • LOS ANGELES • NEW YORK • CHICAGO

AFFINITY MODEL & TALENT
270 North Canon, Suite 1129,
Beverly Hills, CA 90210 USA
Contact: Ross Kenneth
High Fashion/Print Specialists,
Film and Television Specialists
Both Local and National, #TA 3562
T 1 888 252 7000 Toll Free
F 1 310 388 5444
W www.cybershowbiz.com/affinity
W www.affinitytalent.com
E models1@pacbell.net
***See Ad Under San Francisco Section.**

AGENCY 2000
1150 South Spaulding Avenue, 2nd Floor,
Los Angeles, CA 90019 USA
Contact: Kurt Clements
T 1 323 634 0475
F 1 323 634 0519
W www.melroseregistry.com
E AMODEL2000@aol.com
***See Ad This Section.**

Dior
CD
Christian Dior
Safilo
Safilo USA, 801 Jefferson Road, Parsippany, NJ 07054 973.952-2800

Agency
2000 LLC
LOS ANGELES • SEATTLE
1150 S. Spaulding Ave. LA, CA 90019 Ph 323 634 0475 Fax 323 634 0519
1424 4th. Avenue, 4th Fl, Seattle, WA 98101 Ph 206 442 9040 Fax 206 467 4976

AMERICAN ARTIST AGENCY, INC

15000 Ventura Blvd,
Sherman Oaks, CA 91403 USA
Exec. Director: Ben Bahmani
T 1 818 783 8999
W www.americanartistagency.com

BASS INT'L MODELSCOUT
REPRESENTING: AGENCE PRESSE, TOKYO

10877 Palms Blvd, Suite 1,
Los Angeles, CA 90034 USA
Contact: Sandi Bass
T 1 310 839 1097
F 1 310 839 1097
E sandibass@earthlink.net

BOBBY BALL AGENCY

4342 Lankershim Blvd,
Universal City, CA 91602 USA
Print: Joy Hadjian/Christine Tarallo
Comm'l: Patty Grana-Miller, Samantha Daniels or Sam Cione
T 1 818 506 8188
F 1 818 506 8588
E bbamodels@castnet.com

Bordeaux Model Management

616 North Robertson Boulevard, 2nd Floor,
West Hollywood, CA 90069 USA
T 1 310 289 2550
F 1 310 289 2535
F 1 310 388 1223

CASTOR MODEL & TALENT MGMT
468 N Camden Drive, Suite 200,
Beverly Hills, CA 90210 USA
Contact: Carlos Moran
T 1 310 285 5361
F 1 310 388 1223
E carlos@castorentertainment.com

CHAMPAGNE / TROTT MODEL MANAGEMENT
499 N Canon Drive, Suite 212,
Beverly Hills, CA 90210 USA
Contact: Francine Champagne or Valerie Trott
T 1 310 275 0067
F 1 310 275 3131
W www.champagnetrott.com
E models@champagnetrott.com

C' LA VIE MODELS
7507 Sunset Blvd, Suite 201,
Los Angeles, CA 90046 USA
Contact: Steve Landry
T 1 323 969 0541
F 1 323 969 0401
E slandry@castnet.com

Click Models
9057 Nemo Street,
W Hollywood, CA 90069 USA
T 1 310 246 0800
F 1 310 858 1357

Colleen Cler Modeling Agency
120 S Victory Boulevard, Suite 206,
Burbank, CA 91502 USA
T 1 818 841 7943
F 1 818 841 4541

Colours Model & Talent
8344 1/2 West 3rd Street,
Los Angeles, CA 90048 USA
T 1 323 658 7072
F 1 323 658 7074

CUNNINGHAM, ESCOTT & DIPENE
10635 Santa Monica Blvd, Suite 130,
Los Angeles, CA 90025 USA
Fashion/Print Modeling: Carol Scott
T 1 310 475 2111
F 1 310 475 1929

L.A. MODELS
7700 Sunset Blvd.
Los Angeles, CA 90046
Tel (323)436-7700
Fax (323)436-7755
Internet: www.lamodels.com

DDO PARTNERS / MERIDIAN MODELS TALENT AGENCY

215 S La Cienega Blvd, Penthouse,
Beverly Hills, CA 90211 USA
Contact: Laney Filuk
T 1 310 289 8011
F 1 310 289 8136
E DdayOtis@aol.com

DG Inc

957 N Cole Avenue,
Los Angeles, CA 90038 USA
T 1 323 993 0802
F 1 323 993 0811

DZA&A MODELS

822 South Robertson, Suite 312,
Los Angeles, CA 90035 USA
Contact: Robert Abrams
T 1 310 967 8070
F 1 310 967 8074

E & A • LOS ANGELES

A Division of Edwards & Associates, LLC
5455 Wilshire Blvd, Suite 1614,
Los Angeles, CA 90036 USA
T 1 323 964 0000
F 1 323 964 0210
Contact: Chad Hillman

ELITE MODEL MANAGEMENT/
JOHN CASABLANCAS, INC.

345 North Maple Drive, Suite 397,
Beverly Hills, CA 90210 USA
Contact: Deedyre Burks
T 1 310 274 9395
T 1 310 859 7767 New Faces
T 1 310 274 7615 Accounting
F 1 310 278 7520

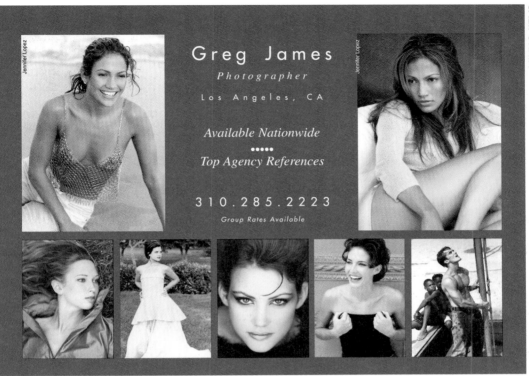

EMPIRE TALENT MANAGEMENT INC.

6100 Wilshire Blvd, Suite 1640,
Los Angeles, CA 90048 USA
Contact: David Altman, President
T 1 323 936 8999
F 1 323 936 8255
W www.empirela.com
E info@empirela.com

FORD MODELS, INC.

8826 Burton Way,
Beverly Hills, CA 90211 USA
T 1 310 276 8100
F 1 310 276 9299

GLAMOUR MODELS, INC. / GLAMOUR KIDS

211 South Beverly Drive, Suite 110,
Beverly Hills, CA 90212 USA
Contact: Michael Douglas
Catalog & Commercial Print
T 1 310 859 3989
F 1 310 859 3988
W www.glamourmodelsinc.com

Howard Talent West

10657 Riverside Drive,
Toluca Lake, CA 91602 USA
T 1 818 766 5300
F 1 818 760 3328

IMM-INTERNATIONAL MODEL MANAGEMENT

235 E Colorado Blvd, PMB 244,
Pasadena, CA 91101 USA
Contact: Gus Castaneda
T 1 626 918 3836
F 1 626 568 1789
E guscastanedaimm@earthlink.net

JOHN ROBERT POWERS

30125 Agoura Road,
Agoura Hills, CA 91301 USA
Contact: Patricia
T 1 818 735 8620
F 1 818 735 5759
W www.johnrobertpowers.net
***See Ad On Inside Front Cover Gatefold.**

JOHN ROBERT POWERS
9220 Sunset Boulevard, Suite 100,
W Hollywood, CA 90069 USA
Contact: Carla Otte
T 1 310 858 3300
F 1 310 858 3310
W www.johnrobertpowers.net
*See Ad On Inside Front Cover Gatefold.

JVP MODEL & TALENT MANAGEMENT
6922 Hollywood Blvd, Suite 316,
Hollywood, CA 90028 USA
T 1 310 330 9373
F 1 310 330 9375
W www.jvpmanagement.com
E jvpmngmt@pacbell.net

L.A. MODELS

L.A. MODELS
7700 Sunset Blvd,
Los Angeles, CA 90046 USA
Contact: Heinz Holba
T 1 323 436 7700
F 1 323 436 7755
W www.lamodels.com
E lamodels@worldnet.att.net
*See Ad This Section.

MATCH MODELS
441 South Beverly Drive, Suite 4,
Beverly Hills, CA 90212 USA
Contact: Tracey
T 1 310 552 1460
F 1 310 552 1459

Meridian Models & Talent Agency
215 S LaCienega Boulevard, PH,
Beverly Hills, CA 90211 USA
T 1 310 289 8011
F 1 310 289 8136

M
MILLENNIUM

MILLENNIUM MODELS
225 Santa Monica Boulevard, Suite 402
Santa Monica, CA 90401 USA
Contact: Sara Gaynor, Agency Director
T 1 310 393 3775
F 1 310 393 0555

MMI
1219 Morningside Drive,
Manhattan Beach, CA 90266 USA
T 1 310 545 4505
F 1 310 362 8921
W www.modelmgmt.com
E mmi@modelmgmt.com

Model Team Agency
12435 Oxnard Street,
N Hollywood, CA 91606 USA
T 1 818 755 0026
F 1 818 755 0027

Models Guild of CA
8489 West 3rd Street, Suite 1035,
Los Angeles, CA 90048 USA
T 1 323 801 2132
F 1 323 801 2133

NETWORK INTERNATIONAL, INC
319 S Robertson,
Beverly Hills, CA 90211 USA
Contact: Patrik Simpson
Peter Castillo / Royal Robins
T 1 888 966 3456
F 1 818 889 5242
W www.network-models.com
E NETWORKAZ@aol.com
*See Ad Under Arizona Section.

NEXT MANAGEMENT
8447 Wilshire Blvd, Suite 301,
Beverly Hills, CA 90211 USA
T 1 323 782 0010
F 1 323 782 0035
W www.nextmodels.com
***See Ad This Section.**

NOUS MODEL MANAGEMENT
117 N Robertson Blvd,
Los Angeles, CA 90048 USA
Contact: Katy Strouk / E: katy@nous.net
or Kenya Knight / E: kenya@nous.net
T 1 310 385 6900
F 1 310 385 6910
W www.nous.net

Otto Model Management
1460 N Sweetzer,
Los Angeles, CA 90069 USA
T 1 213 650 2200
F 1 213 650 1134

Playboy Models
9242 Beverly Boulevard,
Beverly Hills, CA 91210 USA
T 1 310 246 4000
F 1 310 246 4050

Q Model Management
6100 Wilshire Boulevard, Suite 710,
Los Angeles, CA 90048 USA
T 1 323 468 2255
F 1 323 468 2540

VE MODELS AGENCY
11601 Wilshire Blvd, Suite 500,
Brentwood, CA 90025 USA
Contact: Vivian Damo
T 1 310 235 1477
F 1 818 700 9799
W www.vemodels.com
E vemodels@aol.com

VISAGE • LOS ANGELES
28957 Crest Ridge Road,
R.V.P., CA 90275 USA
Contact: Mariko Tatsumi
T 1 310 377 8039
F 1 310 377 6613
E visage@bigplanet.com

WARNING MODEL MANAGEMENT
9009 Beverly Boulevard, Suite 103,
Los Angeles, CA 90048 USA
Contact: Steve Chamberlin
T 1 310 860 9969
F 1 310 860 9978
E WarningLA@aol.com

WILHELMINA WEST, INC.
8383 Wilshire Blvd
Los Angeles, CA 90211 USA
T 1 213 655 0909 Women/Print
T 1 213 655 6508 Men/Print
T 1 212 477 3112 Kid's Search Contest
T 1 212 477 3112 Teen Search Contest
T 1 800 889 6633 Model Merchandise
F 1 213 653 2255
***See Ad This Section.**

CALIFORNIA, LOS ANGELES TALENT AGENCIES

A Total Acting Experience
20501 Ventura Boulevard, Suite 399,
Woodland Hills, CA 91364 USA
T 1 818 340 9249

Abrams Artists Agency
9200 Sunset Boulevard, 11th Floor,
Los Angeles, CA 90069 USA
T 1 310 859 0625
F 1 310 276 6193

Acclaim Partners
6380 Wilshire Boulevard, Suite 907,
Los Angeles, CA 90048 USA
T 1 323 658 6500

Actors Group Agency
8730 Sunset Boulevard,
Los Angeles, CA 90069 USA
T 1 310 657 7113

The Agency
1800 Avenue of Stars, Suite 400,
Los Angeles, CA 90067 USA
T 1 310 551 3000
F 1 310 551 1424

Agency For Performing Arts
9200 Sunset Boulevard, 9th Floor,
Los Angeles, CA 90069 USA
T 1 310 888 4200
F 1 310 888 4242

Aimee Ent't
15000 Ventura Boulevard, Suite 340,
Sherman Oaks, CA 91403 USA
T 1 818 783 9115

Alese Marshall Agency
22730 Hawthorne Boulevard, Suite 201,
Torrance, CA 90505 USA
T 1 310 378 1223

Ambrosio/Mortimer Agency
9150 Wilshire Boulevard, Suite 175,
Beverly Hills, CA 90212 USA
T 1 310 274 4274

Amsel Eisenstadt & Frazier
5757 Wilshire Boulevard, Suite 510,
Los Angeles, CA 90036 USA
T 1 323 939 1188
F 1 323 939 0630

Ann Waugh Talent Agency
4741 Laurel Canyon Boulevard, Suite 200,
N Hollywood, CA 91607 USA
T 1 818 980 0141

Arlene Thornton & Assocs
12001 Ventura Place, Suite 201,
Studio City, CA 91604 USA
T 1 818 760 6688

Artist & Talent Management
4420 Ensign Avenue, Suite 308,
N Hollywood, CA 91602 USA
T 1 818 508 8383
F 1 818 755 1724

Artists Agency
10000 Santa Monica Boulevard, Suite 305,
Los Angeles, CA 90067 USA
T 1 310 277 7779
F 1 310 785 9338

Artists Group
10100 Santa Monica Boulevard, Suite 2490,
Los Angeles, CA 90067 USA
T 1 310 552 1100

Artists Management West
8306 Wilshire Boulevard, Suite 7004,
Beverly Hills, CA 90211-2382 USA
T 1 310 550 0028
F 1 310 550 7730

Atkins & Assocs
303 S Cresent Heights,
Los Angeles, CA 90048 USA
T 1 323 658 1025
F 1 323 852 4709

Badgley, Connor, King
9229 Sunset Boulevard, Suite 311,
Los Angeles, CA 90069 USA
T 1 310 278 9313

Berzon Talent
336 E 17th Street,
Costa Mesa, CA 92627 USA
T 1 949 631 5936

Beverly Hecht Agency
12001 Ventura Place, Suite 320,
Studio City, CA 91604 USA
T 1 818 505 1192
F 1 818 505 1590

Beverly Hills Sports Council
9595 Wilshire Boulevard, Suite 1010,
Beverly Hills, CA 90212 USA
T 1 310 858 1872

Bobby Ball Talent Agency
4342 Lankershim Boulevard,
Universal City, CA 91602 USA
T 1 818 506 8188
F 1 818 506 8588

Booh Schut Agency
11350 Ventura Boulevard, Suite 200,
Studio City, CA 91604 USA
T 1 818 760 6669
F 1 818 760 1058

Borinstein-Oreck-Bogart Agency
8271 Melrose Avenue, Suite 110,
Los Angeles, CA 90046 USA
T 1 323 658 7500
F 1 323 658 8866

Bresler Kelly & Assoc
11500 W Olympic Boulevard, Suite 510,
Los Angeles, CA 90064 USA
T 1 310 479 5611
F 1 310 479 3775

BURKETT TALENT AGENCY, INC
27001 La Paz Road, Suite 418,
Mission Viejo, CA 92691 USA
Contact: Nancy Burkett or Lisa Wilson
T 1 949 830 6300
F 1 949 830 6399
W www.burketttalent.com
E nancy@burketttalent.com

C' LA VIE TALENT
7507 Sunset Blvd, Suite 201,
Los Angeles, CA 90046 USA
Contact: Jean-Marc Carre (commercial)
Contact: Patricia De Niro (theatrical)
T 1 323 969 0541
F 1 323 969 0401
E clavie@castnet.com

Career Artists Int'l
11030 Ventura Boulevard, Suite 3,
Studio City, CA 91604 USA
T 1 818 980 1315

Carter Wright Agency
6513 Hollywood Boulevard, Suite 201,
Hollywood, CA 90028 USA
T 1 213 469 0944

Castle Hill Ents
1101 S Orlando Avenue,
Los Angeles, CA 90035 USA
T 1 323 653 3535

Cavaleri & Assoc
405 S Riverside, Suite 200,
Burbank, CA 91506 USA
T 1 818 955 9300

Charles H Stern Agency
27352 Escondido Beach Road, Suite 760,
Malibu, CA 90265 USA
T 1 310 914 3007
F 1 310 914 0607

Chasin Agency
8899 Beverly Boulevard, Suite 716,
Los Angeles, CA 90048 USA
T 1 310 278 7505
F 1 310 275 6685

CL Inc Agency
843 N Sycamore Avenue,
Los Angeles, CA 90038 USA
T 1 323 461 3971

Coast to Coast Talent Group
3350 Barham Boulevard,
Los Angeles, CA 90068 USA
T 1 323 845 9200

Commercials Unltd Inc
9601 Wilshire Boulevard, Suite 620,
Beverly Hills, CA 90210 USA
T 1 310 888 8788
F 1 310 888 8712

Contemporary Artists
1317 Fifth Street, Suite 200,
Santa Monica, CA 90401 USA
T 1 310 395 1800

Coppage Co
3500 W Olive Avenue, Suite 1420,
Burbank, CA 91505 USA
T 1 818 953 4163

Coralie Jr Agency
4789 Vineland, Suite 100,
N Hollywood, CA 91602 USA
T 1 818 766 9501

The Cosden Agency
3518 Cahuenga Boulevard, Suite 200,
Los Angeles, CA 90068 USA
T 1 323 874 7200
F 1 323 874 7800

Craig Agency
8485 Melrose Place, Suite E,
Los Angeles, CA 90069 USA
T 1 323 655 0236

Creative Management Ent't Group
2050 S Bundy Drive, Suite 280,
Los Angeles, CA 90025 USA
T 1 310 207 7333
F 1 310 207 7373

Creative Artists Agency
9830 Wilshire Boulevard,
Beverly Hills, CA 90212 USA
T 1 310 288 4545

CUNNINGHAM, ESCOTT & DIPENE
10635 Santa Monica Blvd, Suite 130,
Los Angeles, CA 90025 USA
Voice Over: Paul Doherty
On Camera: Linda Jenkins/Adrienne Berg
Children: Bob Preston
T 1 310 475 2111
T 1 310 475 3336 Children
F 1 310 475 1929

Dade Schultz Assocs
12302 Sarah Street, Suite 19,
Studio City, CA 91604 USA
T 1 818 760 3100
F 1 818 760 1395

Dale Garrick Int'l
8831 Sunset Boulevard, Suite 402,
Los Angeles, CA 90069 USA
T 1 310 657 2661
F 1 310 657 3509

David H Moss & Assocs
733 N Seward Street, PH,
Hollywood, CA 90038 USA
T 1 213 465 1234
F 1 213 465 1241

David Shapira & Assocs
15301 Ventura Boulevard, Suite 345,
Sherman Oaks, CA 91403 USA
T 1 818 906 0322
F 1 818 783 2562

Don Buchwald & Assocs
6500 Wilshire Boulevard, Suite 2200,
Los Angeles, CA 90048 USA
T 1 323 655 7400

Don Schwartz & Assocs
6922 Hollywood Boulevard, Suite 508,
Los Angeles, CA 90028 USA
T 1 323 464 4366
F 1 323 464 4661

Durkin Artists
127 Broadway, Suite 210,
Santa Monica, CA 90401 USA
T 1 310 458 5377
F 1 310 458 5337

Edwards & Assocs
5455 Wilshire Boulevard, Suite 1614,
Los Angeles, CA 90036 USA
T 1 323 964 0000
F 1 323 964 0210

Elite Talent Agency
345 N Maple Drive, Suite 397,
Beverly Hills, CA 90210 USA
T 1 310 274 9395
F 1 310 278 7520

Entertainment Ents
1680 N Vine, Suite 519,
Los Angeles, CA 90028 USA
T 1 323 462 6001
F 1 323 462 6003

Epstein-Wyckoff & Assocs
280 S Beverly Drive, Suite 400,
Beverly Hills, CA 90212 USA
T 1 310 278 7222
F 1 310 278 4642

Erika Wain Agency
1418 N Highland Avenue, Suite 102,
Los Angeles, CA 90028 USA
T 1 323 460 4224
F 1 323 851 4541

EWCR & Assocs
280 S Beverly Drive, Suite 400,
Beverly Hills, CA 90212 USA
T 1 310 278 7222
F 1 310 278 4640

Film Artists Assocs
13563 Ventura Boulevard, 2nd Floor,
Sherman Oaks, CA 91423 USA
T 1 818 386 9669
F 1 818 386 9363

First Artists Agency
230 E 17th Street, Suite 205,
Costa Mesa, CA 92627 USA
T 1 800 675 0523

Flick East-West Talents Inc
9057 Nemo Street, Suite A,
Los Angeles, CA 90069 USA
T 1 310 271 9111
F 1 310 858 1357

Gage Group
9255 Sunset Boulevard, Suite 515,
Los Angeles, CA 90069 USA
T 1 310 859 8777
F 1 310 859 8166

Geddes Agency
8430 Santa Monica Boulevard, Suite 200,
W Hollywood, CA 90069 USA
T 1 323 848 2700

George Jay Agency
6269 Selma Avenue, Suite 15,
Los Angeles, CA 90028 USA
T 1 323 446 6665
F 1 323 462 6197

Gerler Agency
3349 Cahuenga Boulevard W, Suite 1,
Los Angeles, CA 90068 USA
T 1 323 850 7386
F 1 323 850 7490

Gersh Agency Inc
232 N Canon Drive,
Beverly Hills, CA 90210 USA
T 1 310 274 6611
F 1 310 274 3923

Gold/Marshak Talent
3500 W Olive Drive, Suite 1400,
Burbank, CA 91505 USA
T 1 818 972 4300

Gordon Rael Co
9229 Sunset Boulevard, Suite 310,
Los Angeles, CA 90069 USA
T 1 310 285 0572
F 1 310 285 0259

Handprint Entertainment
8436 W 3rd Street, Suite 650,
Los Angeles, CA 90048 USA
T 1 323 655 2400
F 1 323 655 8555

H David Moss & Assocs
733 N Seward Street, PH,
Hollywood, CA 90038 USA
T 1 323 465 1234
F 1 323 465 1241

Harter, Manning & Woo
1964 Westwood Boulevard, Suite 400,
Los Angeles, CA 90025 USA
T 1 310 446 1313
F 1 310 446 1364

Helen Garrett Agency
6525 Sunset Boulevard, 5th Floor,
Los Angeles, CA 90028 USA
T 1 323 871 8707
F 1 323 871 0495

Herb Tannen Assocs
8370 Wilshire Boulevard, Suite 209,
Beverly Hills, CA 90211 USA
T 1 213 782 0515
F 1 213 782 0811

Henderson/Hogan Agency
247 S Beverly Drive, Suite 102,
Beverly Hills, CA 90210 USA
T 1 310 274 7815
F 1 310 274 0751

Innovative Artists
1999 Avenue of Stars, Suite 2850,
Los Angeles, CA 90067 USA
T 1 310 553 5200
F 1 310 557 2211

Int'l Creative Management
8942 Wilshire Boulevard,
Beverly Hills, CA 90211 USA
T 1 310 550 4000
F 1 310 550 4108

Iris Burton Agency
P.O. Box 15306,
Beverly Hills, CA 90209 USA
T 1 310 288 0121

Irv Schecter Co
9300 Wilshire Boulevard, Suite 400,
Beverly Hills, CA 90212 USA
T 1 310 278 8070
F 1 310 278 1192

Irwin Arthur Assocs
9363 Wilshire Boulevard, Suite 212,
Beverly Hills, CA 90210 USA
T 1 310 278 5934

Jackman & Taussig Ent
1815 Butler Avenue, Suite 120,
Los Angeles, CA 90025 USA
T 1 310 478 6641
F 1 310 444 8935

Jack Scagnetti Talent Agency
5118 Vineland Avenue, Suite 102,
N Hollywood, CA 91601 USA
T 1 818 762 3871
F 1 818 761 6629

Jean Page Management
5315 Oakdale Avenue,
Woodland Hills, CA 91364 USA
T 1 818 703 7328
F 1 818 883 4344

Jerome Siegel Assocs Inc
1680 Vine Street, Suite 617,
Hollywood, CA 90028 USA
T 1 323 466 0185

Jim Bridges Talent Agency
1655 N Cherokee Avenue, Suite 410,
Hollywood, CA 90028 USA
T 1 323 962 6075

Joseph, Helfond & Rix Inc
11365 Ventura Boulevard, Suite 100,
Studio City, CA 91604 USA
T 1 818 769 9111

Judy Schoen Assocs
606 N Larchmont Avenue, Suite 309,
Los Angeles, CA 90004 USA
T 1 213 962 1950
F 1 323 461 8365

Karg/Weissenbach
329 N Wetherly Drive, Suite 101,
Beverly Hills, CA 90211 USA
T 1 310 205 0435

Ken Lindner & Assocs
2049 Century Park E, Suite 3050,
Los Angeles, CA 90067 USA
T 1 310 277 9223
F 1 310 277 5806

Kingsley Colton
16661 Ventura Boulevard, Suite 400B,
Encino, CA 91436 USA
T 1 818 788 6043

L.A. TALENT
7700 Sunset Blvd,
Los Angeles, CA 90046 USA
Contact: Heinz Holba
T 1 323 436 7777 TV
T 1 323 436 7778 Adult
T 1 323 436 7779 Kids
F 1 323 436 7700
W www.latalent.com
E latalent@worldnet.att.net

The Levin Agency
8484 Wilshire Boulevard, Suite 745,
Beverly Hills, CA 90211 USA
T 1 323 653 7073
F 1 323 653 0280

Lil Cumber Agency
6363 Sunset Boulevard, Suite 807,
Hollywood, CA 90028 USA
T 1 213 469 1919

Lovell & Assocs
7095 Hollywood Boulevard, Suite 1006,
Los Angeles, CA 90028-8903 USA
T 1 323 462 1672
F 1 323 876 1474

Marion Rosenberg
8428 Melrose Place, Suite B,
Los Angeles, CA 90069 USA
T 1 323 653 7383
F 1 323 653 9268

Mary Murphy Talent Agency
6014 Greenbush Avenue,
Van Nuys, CA 91401 USA
T 1 818 989 6076

Maxine's Talent Agency
4830 Encino Avenue,
Encino, CA 91316 USA
T 1 818 986 2946

Media Artists Group
6404 Wilshire Boulevard, Suite 950,
Beverly Hills, CA 90011 USA
T 1 323 658 5050
F 1 323 658 7871

Metropolitan Talent Agency
4526 Wilshire Boulevard,
Los Angeles, CA 90010 USA
T 1 323 857 4500
F 1 323 857 4599

MGA-Mary Grady Agency
4444 Lankershim Boulevard, Suite 207,
N Hollywood, CA 91602 USA
T 1 818 766 4414
F 1 818 766 3680

Michael Karg & Assocs
P.O. Box 15717, Suite 101,
Beverly Hills, CA 90209 USA
T 1 310 205 0435

Mitchell J. Hamilburg Agency
8671 Wilshire Boulevard, Suite 500,
Beverly Hills, CA 90211 USA
T 1 310 657 1501

Omnipop Inc Talent Agency
10700 Ventura Boulevard, 2nd Floor,
Studio City, CA 91604 USA
T 1 818 980 9267
F 1 818 980 9371

Paradigm
10100 Santa Monica Boulevard, 25th Floor,
Los Angeles, CA 90067 USA
T 1 310 277 4400
F 1 310 277 7820

Paul Brandon & Assocs
1033 N Carol Drive, Suite T-6,
Los Angeles, CA 90069 USA
T 1 310 273 6173

Paul Gerard Talent Agency
11712 Moorpark Street, Suite 112,
Studio City, CA 91604 USA
T 1 818 769 7015

Paul Kohner Inc
9300 Wilshire Boulevard, Suite 555,
Beverly Hills, CA 90212 USA
T 1 310 550 1060
F 1 310 276 1083

Privilege Talent Agency
9229 W Sunset Boulevard, Suite 414,
Los Angeles, CA 90069 USA
T 1 310 858 5277
F 1 310 858 5267

Progressive Artists
400 S Beverly Drive, Suite 216,
Beverly Hills, CA 90212 USA
T 1 310 553 8561
F 1 310 553 4726

Reece Halsey Agency
8733 Sunset Boulevard, Suite 101,
Los Angeles, CA 90069 USA
T 1 310 652 2409

Richard Bauman & Assocs
5757 Wilshire Boulevard, Suite 478,
Los Angeles, CA 90036 USA
T 1 323 857 6666
F 1 323 857 0368

Robert Light Agency
6404 Wilshire Boulevard, Suite 900,
Los Angeles, CA 90048 USA
T 1 323 651 1777
F 1 323 651 4933

Sackheim Ents
1125 Daniels Drive,
Los Angeles, CA 90035 USA
T 1 310 556 8328
F 1 310 552 6805

Sanders Agency
8831 Sunset Boulevard, Suite 304,
Los Angeles, CA 90069-2109 USA
T 1 310 652 1119

Sandie Schnarr Talent
8500 Melrose Avenue, Suite 212,
W Hollywood, CA 90069 USA
T 1 310 360 7680
F 1 310 360 7681

Sara Bennett Agency
6404 Hollywood Boulevard, Suite 316,
Hollywood, CA 90028 USA
T 1 323 965 9666

Savage Agency
6212 Banner Avenue,
Hollywood, CA 90038 USA
T 1 323 461 8316
F 1 323 461 2417

Schiowitz/Clay/Rose
1680 Vine Street, Suite 614,
Los Angeles, CA 90028 USA
T 1 323 463 7300
F 1 323 463 7355

Scott Land Inc
P.O. Box 1504,
LaCanada, CA 91012 USA
T 1 818 790 9082
F 1 818 790 9083

Screen Artist Agency
12435 Oxnard Street,
N Hollywood, CA 91606 USA
T 1 818 755 0026
F 1 818 755 0027

Screen Children's Agency
4000 W Riverside Drive, Suite A,
Burbank, CA 91505 USA
T 1 818 846 4300
F 1 818 846 3745

Shapiro-Lichtman-Stein
8827 Beverly Boulevard,
Los Angeles, CA 90048 USA
T 1 310 859 8877
F 1 310 859 7153

Shirley Wilson & Assoc
5410 Wilshire Boulevard, Suite 227,
Los Angeles, CA 90036 USA
T 1 323 857 6977
F 1 323 857 6980

Silver Massetti & Szatmary/West
8730 Sunset Boulevard, Suite 440,
Los Angeles, CA 90069 USA
T 1 310 289 0909
F 1 310 289 0990

Special Artists Agency
345 N Maple Drive, Suite 302,
Beverly Hills, CA 90210 USA
T 1 310 859 9688

Stacey Lane Talent Agency
13455 Ventura Boulevard, Suite 240,
Sherman Oaks, CA 91423 USA
T 1 818 501 2668

Star Talent Agency
4555 Mariota Avenue,
Toluca Lake, CA 91602 USA
T 1 818 509 1931
F 1 818 509 0631

Starwil Talent
433 North Camden Drive, 4th Floor,
Beverly Hills, CA 90210 USA
T 1 323 874 1239
F 1 323 874 1822

Stone/Manners Agency
8436 W 3rd Street, Suite 740,
Los Angeles, CA 90048 USA
T 1 323 655 1313
F 1 323 655 7676

Studio Talent Group
1328 12th Street, Suite 3,
Santa Monica, CA 90401 USA
T 1 310 393 8004
F 1 310 393 2473

The Sun Agency
8961 Sunset Boulevard, Suite V,
Los Angeles, CA 90069 USA
T 1 310 888 8737
F 1 310 888 7721

Susan Nathe & Assocs (CPC)
8281 Melrose Avenue, Suite 200,
Los Angeles, CA 90046 USA
T 1 213 653 7573
F 1 323 653 1179

Sutton, Barth & Vennari
145 S Fairfax Avenue, Suite 310,
Los Angeles, CA 90036 USA
T 1 323 938 6000
F 1 323 935 8671

Talent Group Int'l
6300 Wilshire Boulevard, Suite 2110,
Los Angeles, CA 90048 USA
T 1 323 852 9559
F 1 323 852 9579

Terry Lichtman Co
12216 Moorpark Street,
Studio City, CA 91604 USA
T 1 818 655 9898
F 1 818 658 9899

Tisherman Agency Inc
6767 Forest Lawn Drive, Suite 101,
Los Angeles, CA 90068 USA
T 1 323 850 6767
F 1 323 850 7340

Turtle Agency
12456 Ventura Boulevard, Suite 1,
Studio City, CA 91604 USA
T 1 818 506 6898

Twentieth Century Artists
4605 Lankershim Boulevard, Suite 305,
N Hollywood, CA 91602 USA
T 1 818 980 5118
F 1 818 980 5449

Tyler Kjar Agency
5116 Lankershim Boulevard,
N Hollywood, CA 91601 USA
T 1 818 760 0321
F 1 818 760 0642

United Talent
9560 Wilshire Boulevard, Suite 500,
Beverly Hills, CA 90212 USA
T 1 310 273 6700
F 1 310 247 1111

Vaughn D Hart & Assocs
8899 Beverly Boulevard, Suite 815,
Los Angeles, CA 90048 USA
T 1 310 273 7887
F 1 310 273 7924

William Carroll Agency
24002 Via Fabricante, Suite 221,
Mission Viaho, CA 92681 USA
T 1 818 845 3791
F 1 818 845 1769

William Kerwin Agency
1605 N Cahuenga, Suite 202,
Los Angeles, CA 90028 USA
T 1 323 469 5155
F 1 323 469 5907

William Morris Agency
151 El Camino Drive,
Beverly Hills, CA 90212 USA
T 1 310 274 7451
F 1 310 859 4462

Whitaker Talent
4924 Vineland ,
N Hollywood, CA 91601 USA
T 1 818 766 4441
F 1 818 766 1662

World Class Sports
880 Apollo Street, Suite 337,
El Segundo, CA 90245 USA
T 1 310 535 9120
F 1 310 535 9128

W Randolph Clark Agency
13415 Ventura Boulevard, Suite 3,
Sherman Oaks, CA 91423-3937 USA
T 1 818 385 0583
F 1 181 358 0599

Writers & Artists
8383 Wilshire Boulevard, Suite 550,
Beverly Hills, CA 90211 USA
T 1 323 866 0900
F 1 323 866 1899

MODEL & TALENT AGENCIES, CALIFORNIA, CONTINUED

Select Models
25239 Shadescale Drive,
Murrieta, CA 92563 USA
T 1 909 677 3992

AMERICAN MALE MODEL & TALENT MGMT
245 Villa Point Drive,
Newport Beach, CA 92660 USA
Contact: Roger Jewell, Director
Representing & Scouting: MODELS, ACTORS, BODYBUILDERS & ATHLETES, NATIONWIDE
T 1 800 981 4989
F 1 877 MALE FAX (625 3329)
E malescout@aol.com

Public Models
20101 SW Birch, Suite 13G,
Newport Beach, CA 92660 USA
T 1 949 250 4944
F 1 949 250 4958

JOHN ROBERT POWERS
300 Esplanade Drive, Suite 1640,
Oxnard, CA 93030 USA
Contact: Alana Knowles
T 1 805 983 1076
F 1 805 983 0738
W www.johnrobertpowers.net
***See Ad On Inside Front Cover Gatefold.**

Cindy Romano Modeling & Talent Agency
P.O. Box 1951,
Palm Springs, CA 92263 USA
T 1 760 323 3333
F 1 760 322 6666

Dorothy Shreve Model & Talent Center
2665 N Palm Canyon Drive,
Palm Springs, CA 92262 USA
T 1 760 327 5855
F 1 760 778 6533

WOW MODEL & TALENT MANAGEMENT

1610 Oakpark Blvd, Suite 2,

Pleasant Hill, CA 94523 USA

Contact: Cathy Steele or Andrew Steinmeyer

T 1 925 946 4622

F 1 925 946 4603

JOHN ROBERT POWERS

10570 Foothill Boulevard, Suite 230,

Rancho Cucamonga, CA 91730 USA

Contact: Kirstin King

T 1 909 980 7673

F 1 909 481 5045

W www.johnrobertpowers.net

***See Ad On Inside Front Cover Gatefold.**

Barbizon

701 Howe Avenue, Suite H50,

Sacramento, CA 95825 USA

T 1 916 920 4200

F 1 916 920 5471

CAST IMAGES TALENT AGENCY

1125 Firehouse Alley,

Sacramento, CA 95814 USA

Contact: Chandra Bourne

T 1 916 444 9655

F 1 916 444 2093

JOHN ROBERT POWERS

2929 K Street, 3rd Floor,

Sacramento, CA 95816 USA

Contact: Shannon Hoff

T 1 916 341 7700

F 1 909 341 7744

W www.johnrobertpowers.net

***See Ad On Inside Front Cover Gatefold.**

Just For Kids

1111 Howe Avenue, Suite 600,

Sacramento, CA 95825 USA

T 1 916 929 4386

SAN DIEGO

Artist Management

835 Fifth Avenue, Suite 411,

San Diego, CA 92101-6137 USA

T 1 619 233 6655

F 1 619 233 5332

Barbizon

591 Camino de la Reina, Suite 1150,

San Diego, CA 92108 USA

T 1 619 296 6366

F 1 619 296 3720

JOHN ROBERT POWERS

8910 University Center Lane, Suite 120,

San Diego, CA 92122 USA

Contact: Patricia

T 1 858 824 0700

F 1 858 824 0705

W www.johnrobertpowers.net

***See Ad On Inside Front Cover Gatefold.**

San Diego
model management
I can only use them if they are the coolest, hippest, most happening agency in the the entire world! ...well are they?
Probably not, but if you're south of Los Angeles-Yes they do rule the world!
Am I cool?
Yes, but I'm cooler!
438 Camino Del Rio S. #116 San Diego, CA 92108
(619) 296-1018 · fax (619) 296-3422 · info@sdmodel.com
www.sdmodel.com
Tc draws@home.Com

TINA REAL CASTING

3108 Fifth Avenue, Suite C,
San Diego, CA 92103-5829 USA
Contact: Tina Real
Commercials • Film • Print

T 1 858 298 0544
F 1 858 298 0389
E tnreal@aol.com

San Diego model management

SAN DIEGO MODEL MANAGEMENT

438 Camino Del Rio South, Suite 116,
San Diego, CA 92108 USA
SAG/AFTRA

T 1 619 296 1018
F 1 619 296 3422
W www.sdmodel.com

Large Print Divisions in Women, Men, Kids.
Also Commercial Print, Runway & Talent.
16 years experience with East Coast,
European, and Asian photo crews -
Call for model packet!
Providing new face modeling talent to all major
markets including LA, NY, Europe, and Japan.
*See Ad This Section.

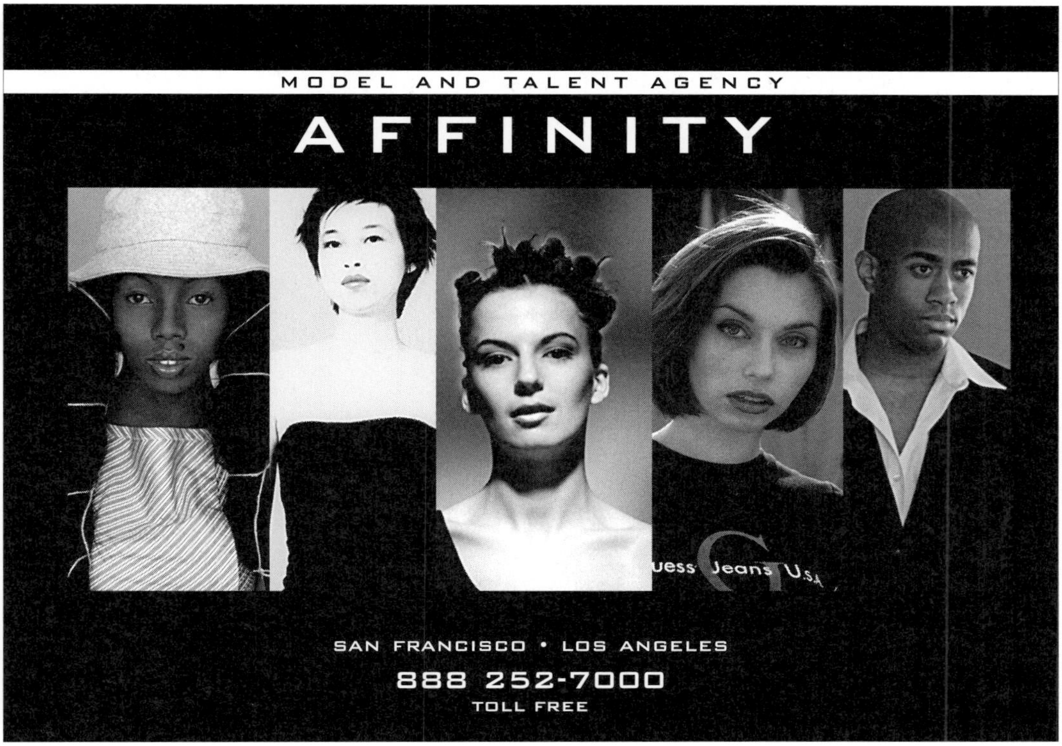
MODEL AND TALENT AGENCY
AFFINITY
SAN FRANCISCO • LOS ANGELES
888 252-7000
TOLL FREE

Shamon Freitas Model & Talent
9606 Tierra Grande, Suite 204,
San Diego, CA 92126 USA
T 1 858 549 3955
F 1 858 549 7028

SAN FRANCISCO

MODEL AND TALENT AGENCY
AFFINITY
SAN FRANCISCO • LOS ANGELES • NEW YORK • CHICAGO

AFFINITY MODEL & TALENT
100 First Street, Suite 100-362,
San Francisco, CA 94105 USA
Contact: Ross Kenneth
High Fashion/Print Specialists, Film and Television Specialists Both Local and National, #TA 3562
T 1 888 252 7000 Toll Free
T 1 415 788 9998
F 1 415 449 3638
W www.cybershowbiz.com/affinity
W www.affinitytalent.com

BOOM! MODELS & TALENT
2325 3rd Street, Suite 223,
San Francisco, CA 94107 USA
Contact: Kristen E. Usich, Director
T 1 415 626 6591
F 1 415 626 6594
W www.boomagency.com
E boommodels@aol.com

Casting Works Inc
1045 Sansome Street, Suite 100,
San Francisco, CA 94111 USA
T 1 415 922 6218
F 1 415 922 8480

CITY MODEL MANAGEMENT, INC.
36 Clyde Street,
San Francisco, CA 94107 USA
Contact: Sal A. Marquez Jr.
T 1 415 546 3160
F 1 415 546 3170
W www.citymodel.com
E city1@pacbell.net

GENAGE MODELS • USA
268 Bush Street, Suite 2730,
San Francisco, CA 94104 USA
Contact: Agent
T 1 415 807 8564
W www.genagemodel/usa.com
E models@genagemodel/usa.com

GENERATIONS MODEL & TALENT AGENCY
340 Brannan Street, Suite 302,
San Francisco, CA 94107 USA
Contact: Jennifer Jorgl
Specializing in Children
T 1 415 777 9099
F 1 415 777 5055
E generationsf@yahoo.com

INDUSTRY MODEL & TALENT MANAGEMENT
942 Market Street, Suite 506,
San Francisco, CA 94102 USA
Contact: Eddie Cotillon/Russell Hong
T 1 415 986 6151
F 1 415 986 7335
E industry.model@simile.net

JOHN ROBERT POWERS
26 Ofarrell Street, 6th Floor,
San Francisco, CA 94108 USA
Contact: Yvette Shinn
T 1 415 248 3900
F 1 415 248 3909
W www.johnrobertpowers.net
*See Ad On Inside Front Cover Gatefold.

Look Model Agency/Look Talent
166 Geary Street, 14th Floor,
San Francisco, CA 94108 USA
T 1 415 781 2822
F 1 415 781 6196

Marla Dell Talent
2124 Union Street, Suite C,
San Francisco, CA 94123 USA
T 1 415 563 9213
F 1 415 563 8734

MITCHELL AGENCY INC.
323 Geary Street, Suite 302,
San Francisco, CA 94102 USA
Contact: Ms. Troy Solarek
T 1 415 395 9291
F 1 415 395 9556
T 1 415 395 9475 TV Dept

SAN FRANCISCO TOP MODELS & TALENT
870 Market Street, Suite 1076,
San Francisco, CA 94102 USA
Contact: Belinda Irons
T 1 415 391 1800
F 1 415 391 2012

STARS, THE AGENCY
777 Davis Street,
San Francisco, CA 94111 USA
Contact: Lynn, Kristin or Scott Claxon
T 1 415 421 6272
F 1 415 421 7620
W www.starsagency.com
E scottc@starsagency.com

Tonry Talent
885 Bryant Street, Suite 201,
San Francisco, CA 94103 USA
T 1 415 543 3797

CALIFORNIA CONTINUED

HALVORSON MODEL MANAGEMENT
2858 Stevens Creek Blvd, Suite 209,
San Jose, CA 95128 USA
Contact: Traci Halvorson
T 1 408 983 1038
F 1 408 983 0910
W www.models-online.com/halvorson
E via Web Site

JOHN ROBERT POWERS
1600 Saratoga Avenue, Suite 109,
San Jose, CA 95129 USA
Contact: Chere Canaris
T 1 408 871 8709
F 1 408 871 1883
W www.johnrobertpowers.net
*See Ad On Inside Front Cover Gatefold.

JOHN ROBERT POWERS
2410 San Ramon Valley Boulevard,
San Ramon, CA 94583 USA
Contact: Craig Magleby
T 1 925 837 9000
F 1 925 743 4415
W www.johnrobertpowers.net
***See Ad On Inside Front Cover Gatefold.**

BRAND MODEL & TALENT AGENCY
1520 Brookhollow Drive, Suite 39,
Santa Ana, CA 92705 USA
Contact: Patty Brand
T 1 714 850 1158
F 1 714 850 0806

Susan Lane Agency, Inc.
14071 Windsor Place,
Santa Ana, CA 92705 USA
T 1 714 731 4560
F 1 714 731 5223

SANTA BARBARA MODELS & TALENT
2026 Cliff Drive, Suite 225,
Santa Barbara, CA 93109 USA
Contact: Julie Morgan
T 1 805 963 1625
F 1 805 965 0553
W www.sbmodels.com
E rschloss@silcom.com

BELLISSIMA MODEL & TALENT MGMT
1055 West College Avenue, Suite 334,
Santa Rosa, CA 95401 USA
Contact: Susan Berosh
T 1 707 523 0819
F 1 707 523 2490
W www.bellissima.com
E model@bellissima.com
***See Ad This Section.**

JULIE NATION ACADEMY/
MODEL & TALENT MANAGEMENT
2455 Bennett Valley Road, Suite 110A,
Santa Rosa, CA 95404 USA
Contact: Julie Nation
T 1 707 575 8585
F 1 707 575 8596
W www.julienation.com
E jnation@verio.com

Panda Talent Agency
3721 Hoen Avenue,
Santa Rosa, CA 95405 USA
T 1 707 576 0711
F 1 707 544 2765

Patricia Rile Model & Talent
567 Summerfield Road, Suite B,
Santa Rosa, CA 95405 USA
T 1 707 537 8247
F 1 707 539 9290

Malone's Model Management
5310 N El Dorado,
Stockton, CA 95207 USA
T 1 209 473 7153
F 1 209 473 3291

The Talent Connectors
11211 Cohasset Street,
Sun Valley, CA 91352 USA
T 1 818 765 3785
F 1 818 765 2903

AMBIANCE MODELS & TALENT
440 North Mountain Avenue, Suite 201,
Upland, CA 91786 USA
Contact: Marti Raymond
T 1 909 931 3939
F 1 909 931 7939
W www.ambiance-inc.com

JOHN ROBERT POWERS
27200 Tourney Road, Suite 120,
Valencia, CA 91355 USA
Contact: David Lawrence
T 1 661 286 1360
F 1 661 286 1370
W www.johnrobertpowers.net
***See Ad On Inside Front Cover Gatefold.**

JOHN ROBERT POWERS
16434 Beach Blvd,
Westminister, CA 92683 USA
Contact: Tiffany
T 1 714 375 4300
F 1 714 375 4499
W www.johnrobertpowers.net
***See Ad On Inside Front Cover Gatefold.**

WEST MODELING & ACTING STUDIO
2630 Townsgate Road, Suite I,
Westlake Village, CA 91361 USA
Contact: Amika Icenhower
T 1 805 494 9444
F 1 805 494 9425
E modelsactors@aol.com

MODEL & TALENT AGENCIES, COLORADO

JOHN ROBERT POWERS
14231 East 4th Street, Suite 200,
Aurora, CO 80011 USA
Contact: Susan Sisitki
T 1 303 340 2838
F 1 303 340 2848
W www.johnrobertpowers.net
***See Ad On Inside Front Cover Gatefold.**

Jeanine's Modeling & Talent Agency
1227 Mt View Lane,
Colorado Springs, CO 80907 USA
T 1 719 598 4507
F 1 719 598 5181

MTA
1026 W Colorado Avenue,
Colorado Springs, CO 80904 USA
T 1 719 577 4704
F 1 719 520 1952

Barbizon
7535 E Hampden Avenue,
Denver, CO 80231 USA
T 1 303 337 6952
F 1 303 337 7955

DONNA BALDWIN TALENT, INC.
2150 W 29th Avenue, Suite 200,
Denver, CO 80211 USA
Contact: Donna Baldwin/Marcia Rothschild
T 1 303 561 1199
F 1 303 561 1337
W www.donnabaldwin.com
E info@donnabaldwin.com

John Casablancas
7600 E Eastman Avenue, Suite 100,
Denver, CO 80231 USA
T 1 303 337 5100

MAXIMUM • A TALENT AGENCY

1720 South Bellaire Street, Suite 907,
Denver, CO 80222 USA
Contact: Rob Lail/Frank Martinez
We also represent Hair/Makeup Artists, Stylists

T 1 303 691 2344
F 1 303 691 2488
W www.maxtalent.com

McFarland Entertainment

601 S Broadway, Suite A-1,
Denver, CO 80209 USA

T 1 303 722 1125
F 1 303 722 1784

MIRAGE MODELS

2509 South Clermont Street,
Denver, CO 80222 USA
Contact: Kent Allen

T 1 303 504 4581
F 1 303 753 1952
W www.mirage-models.com
E modelesque@aol.com

R MODELS MANAGEMENT INC

1424 Larimer Street, Wooten Bldg, Suite 202,
Denver, CO 80202 USA
Contact: W. Cody Garden

T 1 303 615 9070
F 1 800 494 7587
W www.Rmodels.com
***See Ad This Section.**

MODEL & TALENT AGENCIES, CONNECTICUT

JOHN CASABLANCAS MODELING & TALENT AGENCY

1263 Wilbur Cross Highway,
Berlin, CT 06037 USA
Contact: Tina Kiniry

T 1 860 828 7577
F 1 860 828 5927

COASTAL MODELS

2012 King's Highway East,
Fairfield, CT 06430 USA
Contact: Marty Kanawall

T 1 203 254 7722
F 1 203 254 7722
E coastalmod@aol.com

AMERICAN MALE MODEL & TALENT MGMT

25 W Elm Street, Suite 11,
Greenwich, CT 06830 USA
Contact: Roger Jewell, Director
Representing & Scouting: MODELS, ACTORS, BODYBUILDERS & ATHLETES, NATIONWIDE

T 1 800 764 1020
F 1 877 MALE FAX (625 3329)
E malescout@aol.com

WSG Management

23 Thomes Street,
Rowayton, CT 06853 USA

T 1 800 794 2344
F 1 877 495 1481

JOHNSTON AGENCY
50 Washington Street,
South Norwalk, CT 06854 USA
Contact: Esther Johnston
T 1 203 838 6188
F 1 203 838 6642

ALLISON DANIELS MODEL MANAGEMENT
1260 New Britain Avenue,
West Hartford, CT 06110 USA
Contact: Pamela Young
T 1 860 928 5325
F 1 860 561 2473

McDONALD RICHARDS MODEL MANAGEMENT • CT
5 River Road, Suite 317,
Wilton, CT 06897 USA
Contact: Tracey Denard, President
T 1 203 377 7387
F 1 203 380 2562
W www.mcdonaldrichardsmodels.com
***See Ad Under New York Section.**

MODEL & TALENT AGENCIES, DELAWARE

Barbizon
17B Trolley Sq,
Wilmington, DE 19806 USA
T 1 302 658 6666
F 1 302 658 6658

MODEL & TALENT AGENCIES, DISTRICT OF COLUMBIA

Actors & Models of Washington
906 D Street NE,
Washington, DC 20002 USA
T 1 202 333 3560

Central Casting
623 Pennsylvania Avenue South East,
Washington, DC 20003 USA
T 1 202 547 6300
F 1 202 547 8196

Stars Casting
1301 20th Street NW, Suite 102,
Washington, DC 20036 USA
T 1 202 429 9494
F 1 202 857 0089

T.H.E. ARTIST AGENCY
3333 K Street NW, Suite 50,
Washington, DC 20007 USA
Contact: Elizabeth Centenari
T 1 202 342 0933
F 1 202 342 6471
E theartistagency@sprintmail.com

MODEL & TALENT AGENCIES, FLORIDA

Barbizon
2240 Woolbright Road, Suite 300,
Boynton Beach, FL 33426 USA
T 1 561 369 8600
F 1 561 369 1299

IT'S TOTALLY YOU, INC
4427 SE 16th Place, Suite 3,
Cape Coral, FL 33904 USA
Contact: Claudia C. Hoh
Model & Talent Agency & Modeling School
Image Optimization (self-improvement)
course, also offered.
T 1 941 541 9111
F 1 941 772 7177

Gabriel Productions Int'l
2115 Le Juene Road, Suite 2115,
Coral Gables, FL 33134 USA
T 1 305 444 1999
F 1 305 444 9495

BOCA TALENT & MODEL AGENCY
829 SE 9th Street,
Deerfield Beach, FL 33441 USA
Contact: Anita Spiegel
SAG • AFTRA • AEA, TA0000038
T 1 954 428 4677
F 1 954 429 9203
E BCA100@aol.com

AVENUE PRODUCTIONS INC
MODEL & TALENT AGENCY TA#335
2810 East Oakland Park Blvd, Suite 308,
Ft Lauderdale, FL 33306 USA
Contact: Robert Stein
T 1 954 561 1226
F 1 954 561 2602
E aveprodrob@aol.com

HART MODELS
915 NE 20th Avenue,
Ft Lauderdale, FL 33304 USA
T 1 954 522 2090
F 1 954 767 8984
T 1 305 534 9883 Miami
E Hartmodels@aol.com

Jacques Models
2440 E Commercial Boulevard, Suite 4,
Ft Lauderdale, FL 33308 USA
T 1 954 938 7226
F 1 954 938 7228

Models Exchange Talent Agency
2425 E Commercial Boulevard,
Ft Lauderdale, FL 33308 USA
T 1 954 491 1014
F 1 954 491 6876

SUZI'S INTERNATIONAL MODELS
12769 Kedleston Circle,
Ft Myers, FL 33912 USA
Contact: Suzi Hosfeld
T 1 941 768 8189
F 1 877 891 2186
LIC TA# 0000338

Elan International
1940 Harrison Street, Suite 100,
Hollywood, FL 33020 USA
T 1 954 923 0222
F 1 954 923 8222

Famous Faces Entertainment & Talent Agency
2013 Harding Street,
Hollywood, FL 33020 USA
T 1 954 922 0700
F 1 954 922 0479

Martin & Donalds Talent Agency
2131 Hollywood Boulevard, Suite 306,
Hollywood, FL 33020 USA
T 1 954 921 2427
F 1 954 921 7635

Brevard Talent Group Inc
405 Palm Springs Boulevard,
Indian Harbor Beach, FL 32937 USA
T 1 407 773 1355
F 1 407 773 1842

MDM Studios
968 Pinetree Drive,
Indian Harbor Beach, FL 32937 USA
T 1 407 777 1344

BELLA MODEL & TALENT MANAGEMENT
8380 Baymeadows Road, Suite 14,
Jacksonville, FL 32256 USA
Contact: Derrick A Sumlar
T 1 904 398 9811
F 1 904 731 5480

DENISE CAROL MODELS & TALENT
2223 Atlantic Blvd,
Jacksonville, FL 32207 USA
Contact: Suzi Young
T 1 904 399 0824 Studio
T 1 904 398 6306 Clients
W www.denisecarolmodels.com
E denisecarolmodels@ilnk.com

MTM • MODEL & TALENT MANAGEMENT INC.
8380 Bay Meadows, Suite 14,
Jacksonville, FL 32256 USA
T 1 904 739 0619
F 1 904 731 5480

Ariza Talent & Modeling Agency
1928 Boothe Circle,
Longwood, FL 32750 USA
T 1 407 332 0011
F 1 407 332 0206

BARBIZON OF ORLANDO
1775 West State Road, Suite 434,
Longwood, FL 32750 USA
Contact: Pauline Reeve
T 1 407 331 5558
F 1 407 331 0548

The Diamond Agency
204 W Bay Avenue,
Longwood, FL 32750 USA
T 1 407 830 4040
F 1 407 830 0021

John Casablancas
1060 W State Road 434, Suite 136-138,
Longwood, FL 32750 USA
T 1 407 265 1500
F 1 407 265 9557

THE REEVE AGENCY
1771 West State Road, Suite 434,
Longwood, FL 32750 USA
Contact: Jason Moyer
T 1 407 331 1784
F 1 407 331 0548
LIC TA# 0000537

MIAMI / MIAMI BEACH

AMAZING KIDS INC
420 Lincoln Road, Suite 330,
Miami Beach, FL 33139 USA
Contact: Dayan Sapir
T 1 305 532 1118
F 1 305 532 1218
E amzkids@bellsouth.net

ANDERSON GREENE ENTERTAINMENT INC
1210 Washington Avenue, Suite 245,
Miami Beach, FL 33139 USA
Contact: Anderson Greene
T 1 305 674 9881
F 1 305 674 9224
E ageof@bellsouth.net

Coconut Grove Talent Agency
3525 Vista Court,
Miami, FL 33133 USA
T 1 305 858 3002
F 1 305 285 9377

Elite Miami
1200 Collins Avenue, Suite 207,
Miami Beach, FL 33139 USA
T 1 305 674 9500
F 1 305 674 9600

Ford Models
311 Lincoln, Suite 205,
Miami Beach, FL 33139 USA
T 1 305 534 7200
F 1 305 534 8220

THE GREEN AGENCY INC
1329 Alton Road,
Miami Beach, FL 33139 USA
Contact: Tammy Green / Lauren Green
T 1 305 532 9225
F 1 305 532 9334
W www.greenagency.com
E model@greenagency.com
***See Ad This Section.**

International Models Inc
8415 Coral Way, Suite 205,
Miami, FL 33155 USA
T 1 305 266 6331
F 1 305 261 7726

IRENE MARIE MANAGEMENT GROUP
728 Ocean Drive,
Miami Beach, FL 33139 USA
T 1 305 672 2929
F 1 305 674 1342

JOHN CASABLANCAS
MTM • MODEL & TALENT MANAGEMENT
10200 NW 25th Street, Suite A105,
Miami, FL 33172 USA
Contact: Angie Lerner, Agency Director
T 1 305 716 0222
F 1 305 716 1165
W www.jcsouthflorida.com
E modelyou@aol.com

KARIN MODELS
846 Lincoln Road, Penthouse,
Miami Beach, FL 33139 USA
Contact: Astrid Van Den Worm
T 1 305 672 8300 Women
T 1 305 535 8812 Men
T 1 305 672 6332 Artists
F 1 305 531 8330
E miami@karinmodels.com

MARIANNE MODELS
530 Ocean Drive, Suite 104,
Miami Beach, FL 33139 USA
T 1 305 534 2005
F 1 305 534 2048
E marianneagency@worldnet.att.net

M.E.M. MODEL MANAGEMENT
1688 Meridian Avenue, Suite 801,
Miami Beach, FL 33139 USA
Contact: Sheriff J. Ishak
T 1 305 534 8866
F 1 305 534 8879
E memmodels@aol.com

MEN'S BOARD MANAGEMENT
WOMEN'S BOARD MANAGEMENT
3618 NE 2nd Avenue,
Miami, FL 33137 USA
Contact: Nadia Shahrik
T 1 305 573 1374
F 1 305 438 3715

MICHELE POMMIER MODELS, INC.
927 Lincoln Road, Suite 200,
Miami Beach, FL 33139 USA
T 1 305 672 9344 Women
T 1 305 674 7203 Men
T 1 305 674 7206 Lifestyle / TV
T 1 305 531 5475 Kids
T 1 305 674 7200 Accounting
F 1 305 531 8214
***See Ad This Section.**

M.M.G. Models
539 Euclid Avenue, Suite B,
Miami Beach, FL 33139 USA
T 1 305 672 8300
F 1 305 531 8330

NEXT MANAGEMENT
1688 Meridian Ave, Suite 800,
Miami, FL 33139 USA
T 1 305 531 5100
F 1 305 531 7870
W www.nextmodels.com
***See Ad This Section.**

PAGE PARKES MODELS REP
763 Collins Avenue, 4th Floor, Penthouse,
Miami Beach, FL 33139 USA
Contact: Page Parkes
T 1 305 672 4869
F 1 305 672 1137
W www.pageparkes.com
E pageparkes@aol.com
LIC. # 278

Portfolio Model Mgmt & Talent Group
235 Lincoln Road, Suite 201/207,
Miami Beach, FL 33139 USA
T 1 305 534 4210
F 1 305 534 0663

SELECT MODELS-NETWORK MANAGEMENT INC.
420 Lincoln Road, Suite 356,
Miami Beach, FL 33139 USA
Contact: Cyrus Chamberlain
T 1 305 672 5566
F 1 305 538 7120
E SelectMdls@aol.com

SHINO MODEL MANAGEMENT INC
1300 Collins Avenue, Suite 401,
Miami Beach, FL 33139 USA
Contact: Shino/Kaori
Placements-Tokyo, Osaka, Taipei,
Singapore, USA & Europe
T 1 305 673 3197
F 1 305 672 4538

Star Quality Model & Talent Management
1059 Collins Avenue, Suite 201,
Miami Beach, FL 33139 USA
T 1 305 532 2829
F 1 305 532 4740

Stellar Model & Talent
407 Lincoln Road, Suite 2-K,
Miami Beach, FL 33139 USA
T 1 305 672 2217
F 1 305 672 2365

TOP MODELS, INC.
782 NW Le Jeune Road, Suite 555,
Miami, FL 33126 USA
Contact: Lana Carney
T 1 305 461 4165
F 1 305 446 8570
W www.atopmodel.com
E modlctr@aol.com

WORLD OF KIDS
1460 Ocean Drive, Suite 205,
Miami Beach, FL 33139 USA
Owner: Debbie Cozzo
Specializing in Children & Teens; Kid's Stylists
T 1 305 672 5437
F 1 305 672 1989

FLORIDA CONTINUED

Charmette Modeling Agency
53 Curtiss Parkway,
Miami Springs, FL 33166 USA
T 1 305 883 8252
F 1 305 883 8122

JOHN ROBERT POWERS
1170 3rd Street South, Suite C202,
Naples, FL 34102 USA
Contact: Tracy
T 1 941 430 0621
F 1 941 430 0618
W www.johnrobertpowers.net
***See Ad On Inside Front Cover Gatefold.**

PROTOCOL MODELS ON THE GULF
5037 Tamiami Trail E,
Naples, FL 34113 USA
Contact: Geri Muck
T 1 941 417 1200
F 1 941 417 1207

Premiere Model Management
502 Canal Street,
New Smyrna Beach, FL 32168 USA
T 1 904 427 8829
F 1 904 427 6860

BAILEY'S MODEL MANAGEMENT
THE BODY SHOP FITNESS
37 N Orange Avenue, 5th Floor,
Orlando, FL 32801 USA
Contact: Diane
T 1 407 423 7872
F 1 407 872 0559
W www.baileysmodel.com

THE CHRISTENSEN GROUP
235 Coastline Road,
Orlando, FL 32771 USA
Contact: Linda Koldenhoven
T 1 407 302 2272
F 1 407 302 1113
W http://thechristensengroup.com
E selus1@aol.com

Dimensions III
5205 S Orange Avenue,
Orlando, FL 32809 USA
T 1 407 851 2575
F 1 407 851 0690

Modelscout Inc
651 Rugby Street,
Orlando, FL 32804 USA
T 1 407 420 5888
F 1 407 420 9447

ALABAMA TALENT MANAGEMENT
11212 Front Beach Road, Suite C112,
Panama City Beach, FL 32407 USA
T 1 205 364 8700
F 1 205 364 8813
Note: Please send all mail or headshots to the Alabama Office.
***See Ad This Section under Alabama.**

Images Modeling
744 E Burgess Road, Suite E104,
Pensacola, FL 32504 USA
T 1 850 478 1747
F 1 850 484 7725

THE MODEL & TALENT GROUP INC.
102 Park Street,
Safety Harbor, FL 34695 USA
Contact: Pamela Osler-Oleck, Convention Recuiters
T 1 727 669 9119
F 1 727 669 6217
E MODELSGRP@aol.com

SUZI'S INTERNATIONAL MODELS
5824 Bee Ridge Road, Suite 422,
Sarasota, FL 34233 USA
Contact: Suzi Hosfeld
T 1 941 377 1537
F 1 877 891 2186
LIC TA# 0000338

STEPHANIE GIBBS MODELS & TALENT INC
THE SURF BOARD
1365-D South Patrick Drive,
Satellite Beach, FL 32937 USA
Contact: Stephanie Gibbs Walker
T 1 321 777 9127
F 1 321 777 1512
W www.gibbsmodels.com

Louise's People Model & Talent
863 13th Avenue N,
St Petersburg, FL 33701 USA
T 1 813 823 7828
F 1 813 823 7904

Smarter Image Inc
1344 SE McArthur Boulevard,
Stuart, FL 34996-4927 USA
T 1 561 225 0898
F 1 561 225 6562

TURNABOUT TALENT AGENCY
333 SE Tressler Dr, Suite G,
Stuart, FL 34994 USA
Contact: Janet Kyle, Owner
or Raynel Smith, Manager
T 1 561 283 1449
F 1 561 283 1450
E turnabout@evcom.net

Khara's Set Models & Talent
714 Glenview Road,
Tallahassee, FL 32303 USA
T 1 850 224 8500
F 1 850 224 8500

MARSHA DOLL MODELS & PROMOTIONS
2131 Orleans Drive,
Tallahassee, FL 32308 USA
Contact: Marsha Doll-Faulkenberry
T 1 850 656 2600
F 1 850 656 2600
E marshadoll@aol.com

TAMPA

ALEXA MODEL & TALENT MANAGEMENT, INC
4100 W Kennedy, Suite 228,
Tampa, FL 33609 USA
Contact: Susan S. Scher, President
T 1 813 289 8020
F 1 813 286 8281
W http://www.dreamport.com/Alexa.htm
E alexa@dreamport.com

BOOM MODEL & TALENT AGENCY
13012 North Dale Mabry, Suite B,
Tampa, FL 33618 USA
Contact: Di Paulson, TA0000475
T 1 813 264 1373
F 1 813 264 7213
W www.boommodel.com
E boommodel@aol.com
***See Ad This Section.**

Dott Burns Talent Agency
478 Severn Avenue,
Tampa, FL 33606 USA
T 1 813 251 5882
F 1 813 253 2363

FIRST IMPRESSIONS
41 Davis Blvd,
Tampa, FL 33606 USA
Contact: Joann Torretta
T 1 813 251 1008
F 1 813 251 8544
Members of Assn. of Image
Consultant Int'l • The Fashion Group

Independent Castings Inc
8313 W Hillsborough Avenue, Suite 4,
Tampa, FL 33615 USA
T 1 813 884 8335
F 1 813 884 9422

John Casablancas
5215 W Laurel Street, Suite 110,
Tampa, FL 33607 USA
T 1 813 289 8564
F 1 813 289 2746

look
MODEL · TALENT
AGENCY
TA# 0000567

LOOK MODEL & TALENT AGENCY

1901 13th St N Ybor City,
Suite 204, Tampa, FL 33605 USA
Contact: Steve Benz
T 1 813 242 4400
F 1 813 241 4500
W www.lookagency.com
E lookmodl@gte.net

SHOWBIZ KIDS! DEVELOPMENT CENTER

4237 Henderson Blvd,
Tampa, FL 33629 USA
Contact: M. Susan Walls
T 1 813 948 6652
F 1 813 639 1164
T 1 407 426 1140 Orlando
Consultation/Workshops for ages 4-17
Actors • Dancers • Singers • Print Models
Vocal Coaching • Pageant Preparation • Pilot Season-LA

CHRISTI KNIGHT FASHION PRODUCTIONS & TALENT AGENCY

80 Royal Palm Blvd, Suite 402,
Vero Beach, FL 32963 USA
Contact: Christi Knight
T 1 561 978 7997
F 1 561 569 1455
Lic. # TA0000595

Nouveau Models Intl

2600 Broadway, Suite A,
West Palm Beach, FL 33407 USA
T 1 561 659 3656
F 1 561 832 9024

SARAH PARKER MODEL & TALENT AGENCY INC

410 Datura Street,
West Palm Beach, FL 33401 USA
Contact: Sarah Parker
T 1 561 655 4400
F 1 561 655 1222
W www.sarahparkermodels.com
E SPModels@bellsouth.net

Azuree Talent Agency Inc

140 N Orlando Avenue, Suite 120,
Winter Park, FL 32789 USA
T 1 407 629 5025
F 1 407 629 0122

The Hurt Agency

400 N New York Avenue, Suite 207,
Winter Park, FL 32789 USA
T 1 407 740 5700
F 1 407 740 0929

Susanne Haley Talent

618 Wymore Road, Suite 2,
Winter Park, FL 32789 USA
T 1 407 644 0600
F 1 407 644 6316

MODEL & TALENT AGENCIES, GEORGIA

Pizazz Agency
8675 Colony Club Drive,
Alpharetta, GA 30201 USA
T 1 770 594 1638

The Voice Casting Network
8950 Laurel Way, Suite 200,
Alpharetta, GA 30202 USA
T 1 770 518 9855
F 1 770 518 9853

ATLANTA

ABOUT FACES MODELS AND TALENT
3391 Peachtree Road, Suite 410,
Atlanta, GA 30326 USA
Contact: Lesa Rummell
T 1 404 233 2006
F 1 404 237 2578

Ah! Annie Harvey Talent
77 E Andrews Drive NW, Suite 243,
Atlanta, GA 30305 USA
T 1 404 266 0427
F 1 404 237 8773

A-LINE MODEL & TALENT MARKETING
120 W Wieuca Road, Suite 103,
Atlanta, GA 30342 USA
Contact: Jenifer Duggan
T 1 404 459 8933
F 1 404 459 8936
W www.a-linemodels.com
E jduggan@a-linemodels.com

AMC Inc.
250 Spring Street NW, Suite 13N 101,
Atlanta, GA 30303 USA
T 1 404 220 2833
F 1 404 220 2813

ARLENE WILSON MODEL MANAGEMENT
887 W Marietta Street NW, Suite N 101,
Atlanta, GA 30318 USA
Contact: Michael Stothard, President
T 1 404 876 8555
F 1 404 876 9043
W www.arlenewilson.com
E atlanta@arlenewilson.com
***See Ad This Section Under Chicago.**

Atlanta Model & Talent
2970 Peachtree Road NW, Suite 660,
Atlanta, GA 30305 USA
T 1 404 261 9627

ATLANTA'S YOUNG FACES/LOOK MODEL MGMT
6075 Roswell Road NE, Suite 118,
Atlanta, GA 30328 USA
Contact: Stephanie or Karen • Children/Teens/Adults
T 1 404 255 3080
F 1 404 255 3173
W www.atlantasfaces.com

AXIS MODEL MANAGEMENT INC.
120 W Wieuca Road, Suite 107,
Atlanta, GA 30342 USA
Contact: Steven Watkins
T 1 404 459 0881
F 1 404 459 0884
W www.axismodels.com
E axismodels@mindspring.com

BARBIZON AGENCY OF ATLANTA
3340 Peachtree Road, Tower Walk,
Atlanta, GA 30326 USA
Contact: Michael Bartolacci
T 1 404 261 7332
F 1 404 261 7362
W www.modelingschools.com
E mrbarto@aol.com

CLICK MODELS • ATLANTA
79 Poplar Street,
Atlanta, GA 30303 USA
T 1 404 688 9700
F 1 404 688 9705
E CLICKFACES@aol.com

ELITE MODEL MGMT CORP
JANE STEWART / JOHN CASABLANCAS
1708 Peachtree Street NW, Suite 210,
Atlanta, GA 30309 USA
T 1 404 872 7444
F 1 404 874 1526

EXCLAMATIONS MODEL & TALENT AGENCY
670 Hillcrest Road, Suite 500,
Atlanta, GA 30047 USA
Contact: Anouchka Whitworth
T 1 770 925 8888
F 1 770 925 9400

KIDDIN' AROUND / REAL PEOPLE MODELS & TALENT
1479 Spring Street,
Atlanta, GA 30309 USA
Contact: Eva Stancil
T 1 404 872 8582
F 1 404 872 8590
E kiddin@mindspring.com

L'AGENCE
5901C Peachtree Dunwoody Road,
Suite 60, Atlanta, GA 30328 USA
Contact: Gretta Cook • Mark Cook
T 1 770 396 9015
F 1 770 391 0927
T 1 770 391 0928 TV

MADISON AGENCY
426 Marietta Street NW, Suite 410,
Atlanta, GA 30313 USA
Contact: Teresa Kellar
T 1 678 302 8650
F 1 678 302 8654
E MadisonAtl@aol.com

Major Market Models
235 Peachtree Street, Suite 400,
Atlanta, GA 30303 USA
T 1 770 908 5384

Slamm Model Management
233 Mitchell Street, Suite 300,
Atlanta, GA 30303 USA
T 1 404 302 9344
F 1 404 302 9354

TMA Talent Mgmt of Atlanta
1702 Dunwoody Place,
Atlanta, GA 30324 USA
T 1 404 231 1778
F 1 404 814 1693

GEORGIA CONTINUED

MICHELLE JAMES MODELING PRODUCTIONS
467 Highland Avenue, Augusta, GA 30909 USA
Contact: Sharon Speights
T 1 706 738 7707
W www.michellejames.com
E sspeight@michellejames.com

MODEL PRODUCTIONS MODEL & TALENT AGENCY
3604 Verandah Drive,
Augusta, GA 30909 USA
Contact: Bill/Carolyn Waldbueser
T 1 706 731 9889
F 1 706 731 9890

MADEMOISELLE MODELS
2901 University Avenue, Suite 16,
Columbus, GA 31907 USA
Contact: Deborah L. Hatcher, Owner
T 1 706 561 9449
F 1 706 561 9741
Worldwide Modeling Convention
T 1 706 561 9449
W www.mademoisellemodels.com
E dlhatcher@mademoisellemodels.com

MB Models
P.O. Box 427,
Fortson, GA 31808-0427 USA
T 1 706 324 4500
F 1 706 324 2244

Burns Agency
602 Hammett Drive,
Decatur, GA 30032 USA
T 1 404 299 8114
F 1 404 299 8051

DYSART CASTING
4566 Oxford Drive,
Evans, GA 30809 USA
Contact: Evelyn Dysart
T 1 706 868 7221
F 1 706 868 8232
W www.dysartagency.com
E evelyn@dysartagency.com
Casting, Modeling, Talent + instructional videos in photography & modeling...Sale of videos for $19.95 + $4.95 (S&H)

Modeling Images
2106 Chatou Place,
Kennesaw, GA 30152 USA
T 1 770 919 8285

ATLANTA'S WINNING EDGE
360 Killian Hill Road, Suite F-2,
Lilburn, GA 30047 USA
Contact: Bobby Duerr / Angela Braden
T 1 770 806 1223
F 1 770 806 1932
E winningedge@bestones.com

BABES 'N BEAUS
4757 Canton Road, Suite 107,
Marietta, GA 30066 USA
Contact: Linda D. Rutledge, Director
T 1 770 928 5832
F 1 770 928 3701

LORREN & MACY'S MODELING SCHOOL & AGENCY
Riverbend Mall, 12 Riverbend Drive,
Rome, GA 30161 USA
Mailing: P.O. Box 3025, Rome, GA 30164-3025 USA
Contact: Judy Lorren-Fincher
T 1 706 235 1175
F 1 706 291 3740
***See Ad This Section.**

Glyn Kennedy Inc
975 Hunterhill Drive,
Roswell, GA 30075 USA
T 1 678 461 4444
F 1 678 461 4422

MERRITT MODEL MANAGEMENT
A Division of Millie Lewis of Savannah
7011 Hodgson Memorial Drive, 2nd Floor,
Savannah, GA 31406 USA
Contact: Robert Merritt
T 1 912 354 9525
F 1 912 353 9146

MILLIE LEWIS MODELING AND FINISHING SCHOOL
7011 Hodgson Memorial Drive, 2nd Floor,
Savannah, GA 31406 USA
Contact: Grace Lyon Merritt
T 1 912 354 9525
F 1 912 353 9146

Eileen's Models
917 Williamsburg Drive,
Valdosta, GA 31602 USA
T 1 912 244 2755

MORE MODELS & TALENT INC.
an agency that meets the mainland standards. We represent only the Best Models, Talent, Photographers, Stylists & Location Scouts in Hawaii. Why settle for less when you can have More.
MORE
808.596.7717Phone
808.596.7718Fax
E-mail: moremodl@lava.net
Seductive
EYES
BORISCH

MODEL & TALENT AGENCIES, HAWAII

JJ Productions
98-021 JJP Lane/OFF Highway, 2nd Floor,
Aiea, Oahu, HI 96701 USA
T 1 808 486 1656
F 1 808 486 1657

ADR MODEL & TALENT AGENCY
419 Waiakamilo Road, Suite 204,
Honolulu, HI 96817 USA
Contact: Ryan K. Brown, President
T 1 808 842 1313
F 1 808 842 1186
W www.adragency.com
E info@adragency.com

E.L. MODELS INTERNATIONAL • HAWAII/SEATTLE
1188 Bishop Street, Suite 1904,
Honolulu, HI 96813 USA
Contact: Emily Lopez, Owner/President
T 1 808 550 2656
F 1 808 550 0041
F 1 808 550 2803
W http://sitesnetscape.net/elmodels/elmodel.html
E Elmodels@aol.com

KATHY MULLER TALENT & MODELING AGENCY
619 Kapahulu Avenue, PH,
Honolulu, HI 96815 USA
Contact: Ann Mata, Agency Director
Joy Kam, Booker
T 1 808 737 7917
F 1 808 734 3026
E kma_locations@prodigy.net
Great Talent, Print, Commercials, Film
Private locations available for all types
of shoots, weddings & functions.

MORE MODELS & TALENT
1311 Kapiolani Blvd, Suite 605,
Honolulu, HI 96814 USA
Contact: Sri or Ruz
T 1 808 596 7717
F 1 808 596 7718
E moremodl@lava.net
***See Ad This Section.**

PK Models & Talent
1441 Kapiolani Boulevard, Suite 1206,
Honolulu, HI 96814 USA
T 1 808 955 6511
F 1 808 955 9385

Ruth Woodhall Talent Agency
2003 Kalia Road, Suite 7I,
Honolulu, HI 96815 USA
T 1 808 947 3307
F 1 808 947 3307

Susan Page's Modeling & Talent
1441 Kapiolani Boulevard, Suite 1206,
Honolulu, HI 96814 USA
T 1 808 955 2271
F 1 808 955 9385

VOGUE TALENT & MODEL MANAGEMENT
2153 N King Street, Suite 323-A,
Honolulu, HI 96819 USA
Contact: Vilma Cafirma Tucay
A SAG Franchise Agency
T 1 808 842 0881
F 1 808 842 0881
W www.voguetalentnmodelmgmt.com
E tucayr001@hawaii.rr.com

Focus Int'l
74-5615 Luhia Street, Suite A2,
Kailua Kona, HI 96740 USA
T 1 808 323 3333

Island Faces
1024 Kamalu Road,
Kapaa, HI 96746 USA
T 1 808 822 7263

CHAMELEON MODEL & TALENT AGENCY
P.O. Box 959, Kihei, HI 96753 USA
Contact: Cynthia Campbell
T 1 808 879 7817
F 1 808 875 9197
E- talent@aloha.net

CIA Models Management & Productions
41-846 Laumilo Street,
Waimanalo, HI 96795 USA
T 1 808 259 7914

MODEL & TALENT AGENCIES, IDAHO

BLANCHE B. EVANS SCHOOL/AGENCY INTERNATIONAL
4311 Audubon Place,
Boise, ID 83705 USA
Contact: Blanche B. Evans
T 1 208 344 5380
F 1 208 344 5380

METCALF MODELING AGENCY
1851 S Century Way, Suite 3,
Boise, ID 83709 USA
Contact: Bonnie Metcalf
T 1 208 378 8777
T 1 208 378 8838
F 1 208 327 0653
E metcalfagt@aol.com

Idaho Modeling & Talent
1408 Sunflower Court,
Nampa, ID 83686 USA
T 1 208 463 1112

MODEL & TALENT AGENCIES, ILLINOIS

Ambassador Talent Agents, Inc
333 North Michigan Avenue, Suite 910,
Chicago, IL 60601 USA
T 1 312 641 3491

ARIA MODEL & TALENT MGMT LTD.
1017 W Washington, Suite 2C,
Chicago, IL 60607 USA
Contact: Marie Anderson Boyd / Mary Boncher
T 1 312 243 9400
F 1 312 243 9020
W www.ariamodel.com

ARLENE WILSON MODEL MANAGEMENT
430 W Erie Street, Suite 210,
Chicago, IL 60610 USA
Contact: Dan Deely, Director
T 1 312 573 0200
F 1 312 573 0046
W www.arlenewilson.com
E chicago@arlenewilson.com
***See Ad This Section Under Chicago.**

ASAP MODELS/TALENT PROMOTION LTD
P.O. Box 408080, Chicago, IL 60640 USA
Contact: Barre Lerner
Trade Shows, Runway, Film, Print, Conventions
T 1 773 755 0000
F 1 773 348 2923
E ASAPMODPR@aol.com

BARBIZON AGENCY OF CHICAGO
541 N Fairbanks, Chicago, IL 60611 USA
Contact: Eileen Mc Morrow
T 1 312 329 9405
F 1 312 329 9407

BEST FACES OF CHICAGO
1152 North La Salle, Suite F,
Chicago, IL 60610 USA
Contact: Judy Mudd
T 1 312 944 3009
F 1 312 944 7006

BMG WORLDWIDE MODEL MANAGEMENT
One East Superior Street, Suite 410,
Chicago, IL 60611 USA
Contact: Gregory Brown
T 1 312 664 1516
F 1 312 664 1558
E Eyescout@aol.com

CLASSIC MODEL AND TALENT MGMT
225 W Washington, Suite 2200,
Chicago, IL 60606 USA
Contact: Kathy Nedved
T 1 312 419 7192
F 1 312 419 7151
W www.rivint.com/classic
E classic@rivint.com
*See Ad This Section.

CUNNINGHAM, ESCOTT & DIPENE
One East Superior Street, Suite 505,
Chicago, IL 60611 USA
Voice Over: Gina Mazza
On Camera: Diane Herro Sanford
Children: Tina O'Brien
T 1 312 644 5600

ELITE MODEL MANAGEMENT
58 West Huron,
Chicago, IL 60610 USA
T 1 312 943 3226
F 1 312 943 2590
W www.elitechicago.com
E elitemodels@elitechicago.com
TV/Film affiliate: Stewart Talent

Emila Lorence, Ltd
325 W Huron Street,
Chicago, IL 60610 USA
T 1 312 787 2033
F 1 312 787 5239

Ford Chicago
641 W Lake Street, Suite 402,
Chicago, IL 60661 USA
T 1 312 707 9000
F 1 312 707 8515

Geddes Agency
1633 N Halsted Street,
Chicago, IL 60614 USA
T 1 312 787 8333
F 1 312 787 6677

Harrise Davidson Talent Agency
65 E Wacker Place,
Chicago, IL 60601 USA
T 1 312 782 4480
F 1 312 782 3363

HYPE MODEL MANAGEMENT
954 West Washington,
Chicago, IL 60607 USA
Contact: Anthony Hernandez
T 1 312 243 8547
F 1 312 243 8571
E hypemodels@aol.com

Jefferson & Assocs
1050 N State Street,
Chicago, IL 60610 USA
T 1 312 337 1930
F 1 312 337 7398

JOHN ROBERT POWERS
27 East Monroe, Suite 200,
Chicago, IL 60603 USA
Contact: Joseph Durkin
T 1 312 726 1404
F 1 312 726 8019
W www.johnrobertpowers.net
***See Ad On Inside Front Cover Gatefold.**

MODELS UNLIMITED
415 N LaSalle, Suite 202,
Chicago, IL 60610 USA
Contact: Sharon Parker & Kathy Klages
T 1 312 329 1001
F 1 312 329 2003

Nouvelle Talent Management
P.O. Box 578100,
Chicago, IL 60657 USA
T 1 312 944 1133
F 1 312 944 2298

PREMIERE MODEL & TALENT MANAGEMENT
27 E Monroe Street, Suite 200,
Chicago, IL 60603 USA
Contact: Joseph Durkin
T 1 312 726 8089
F 1 312 726 8019
W www.premiereagency.com

Salazar & Navas, Inc
760 N Ogden Avenue,
Chicago, IL 60622 USA
T 1 312 666 1677
F 1 312 666 1681

SCOUT OFFICE
WORLDWIDE AGENCY REPRESENTATION
One East Superior Street, Suite 410,
Chicago, IL 60611 USA
Contact: Gregory Brown
T 1 312 664 1609
F 1 312 664 1558
E Eyescout@aol.com

Shirley Hamilton, Inc
333 E Ontairo,
Chicago, IL 60611 USA
T 1 312 787 4700
F 1 312 787 8456

Stewart Talent Management Corp
58 W Huron, Suite 407,
Chicago, IL 60610 USA
T 1 312 943 3131
F 1 312 943 5107

SUSANNE'S
A-PLUS TALENT
Susanne Johnson Talent Agency, LTD.

SUSANNE JOHNSON TALENT AGENCY
108 W Oak Street,
Chicago, IL 60610 USA
T 1 312 943 8315
F 1 312 943 9751

Talent Group
4637 N Magnolia ,
Chicago, IL 60640 USA
T 1 773 561 8814

WY INTERNATIONAL MODELS, INC
162 N Franklin Street, Suite 410A,
Chicago, IL 60606 USA
Contact: Yi Wang
T 1 312 849 9190
F 1 312 849 9508
W www.wymodels.com
E models312@aol.com

North Shore Talent, Inc
454 Peterson,
Libertyville, IL 60048 USA
T 1 847 816 1811

SHAWNEE STUDIOS INC.
MODEL & TALENT MANAGEMENT
102 W. Main Street,
Mt Olive, IL 62069 USA
Contact: Shawnee
T 1 217 999 2522
F 1 217 999 2214
W www.shawneestudios.com
E shawnee@mt-olive.com
T 1 877 675 9755 Toll Free

McBlaine & Assoc
805 W Touhy Avenue,
Park Ridge, IL 60068 USA
T 1 847 823 9763
F 1 847 823 1253

Barbizon
1051 Perimeter Drive, Suite 950,
Schaumburg, IL 60173 USA
T 1 847 240 4200
F 1 847 240 4212

ROYAL MODEL MANAGEMENT
1051 Perimeter Drive, Schaumburg, IL 60173 USA
Contact: Anne Emmrich, Director
T 1 847 240 4215
F 1 847 240 4212
***See Ad This Section.**

CLAIRE MODEL & TALENT
1550 Sandpebble Drive, Suite 312,
Wheeling, IL60090 USA
Contact: Clarice Rosenstock
Serving Chicagoland Area for Promotions & Trade Shows
T 1 847 459 4242
F 1 847 459 0001
E clarmdl@aol.com

MODEL & TALENT AGENCIES, INDIANA

SUPER! MODELS INTERNATIONAL
14420 Cherry Tree Road,
Carmel, IN 46033 USA
Contact: Jessy Henderson/Ro Pettiner
T 1 317 846 4321

Charmaine School & Model Agency
3538 Stellhorn Road,
Ft Wayne, IN 46815 USA
T 1 219 485 8421
F 1 219 485 1873

AAA Modeling Agency
11777 Park Lane North,
Granger, IN 46530 USA
T 1 219 247 9052
F 1 219 247 9067

EVELYN LAHAIE MODELING
P.O. Box 614,
Hobart, IN 46342-0614 USA
Contact: Evelyn Lahaie
T 1 219 942 4670
F 1 219 733 2318

Helen Wells Agency
401 Pennsylvania Parkway, Suite 101,
Indianapolis, IN 46280 USA
T 1 317 843 5363
F 1 317 843 5364

ON TRACK MODELING
77 South Girlschool Road, Suite 105,
Indianapolis, IN 46231 USA
Contact: Tina Maxwell
T 1 317 381 9384
F 1 317 381 9386
***See Ad This Section**

MODEL & TALENT AGENCIES, IOWA

AVANT STUDIOS, INC
TALENT AND MODELING TRAINING CENTRE & AGENCY
10546 Justin Drive,
Des Moines, IA 50322 USA
Contact: Tina DePhillips
T 1 515 255 0297
F 1 515 255 1179

Model Consultants
3058 104th Street,
Des Moines, IA 50322 USA
T 1 515 244 5500

GENESIS
1180 1/2 7th Avenue,
Marion, IA 52302 USA
Contact: Jeff Clarke or Mary Brown-Clarke
T 1 319 373 3515
F 1 319 373 3522
W www.genesismodels.com
E info@genesismodels.com

Corrine Shover Model School Agency & Marketing
326 North Walnut,
Monticello, IA 52310 USA
T 1 319 465 5507
F 1 319 465 5507

Model Scouts & Universal Talent
10861 Douglas, Suite D,
Urbandale, IA 50322 USA
T 1 515 278 5432
F 1 515 278 6622

MODEL & TALENT AGENCIES, KANSAS

CAREER IMAGES MODEL & TALENT AGENCY
8519 Lathrop Avenue,
Kansas City, KS 66109 USA
Contact: Raymond La Pietra
T 1 913 334 2200
F 1 913 334 1990
W www.careerimages.com
E modelman@careerimages.com

IMAGE DEVELOPMENT GROUP
8224 W. 124th Street,
Kansas City, KS 66213 USA
Contact: Debra Fox
Promotion & Trade Show Staffing Nationwide
T 1 913 317 8141
T 1 888 262 6368 Toll Free
F 1 913 317 8149
W http://members.aol.com/imagdevgrp
E HireAtIDG@aol.com

The Agency, Models & Talent
12115 W 82nd Terrace,
Lenexa, KS 66215 USA
T 1 913 342 8382
F 1 913 894 0238

AMERICAN ARTIST AGENCY, INC
16121 W 129th Street,
Olathe, KS 66062 USA
Exec. Director: Ben Bahmani
T 1 816 474 9988
F 1 816 472 5777
W www.americanartistagency.com
***See Ad This Section.**

HOFFMAN INTERNATIONAL
6705 West 91st Street,
Overland Park, KS 66212 USA
Contact: Kim Hoffman, AFTRA
T 1 913 642 9212
F 1 913 642 9229
W www.hoffmanmodels.com
E hoffman@tfs.net

Focus Model Talent Management
155 N Market, Suite 140,
Wichita, KS 67202 USA
T 1 316 264 3100
F 1 316 264 3100

The Gregory Agency
3873 East Harry Street,
Wichita, KS 67218 USA
T 1 316 687 5666
F 1 316 684 8956

Models & Images
1619 North Rock Road,
Wichita, KS 67206 USA
T 1 316 634 2777
F 1 316 634 0121

MODEL & TALENT AGENCIES, KENTUCKY

Alix Adams Agency
9813 Merioneth Drive,
Jeffersontown, KY 40299 USA
T 1 502 266 6990
F 1 502 266 7228

IMAGES MODEL AGENCY
163 E Reynolds Road,
Lexington, KY 40517 USA
Owner/Director: Janie Olmstead Head
T 1 606 273 2301
F 1 606 271 3293

VOGUE OF LEXINGTON MODEL & TALENT AGENCY
1300 New Circle Road, Suite 112,
Lexington, KY 40555-5346 USA
Mailing: P.O. Box 55346, Lexington, KY 40555
Contact: Dorothy Lewis, Owner/Director
T 1 606 254 4582
F 1 606 254 1137

COSMO MODEL & TALENT
7410 Lagrange Road, Suite 204,
Louisville, KY 40222 USA
Contact: Dona Downing
T 1 502 425 8000
F 1 502 426 2142

MJK STUDIO/ MODEL & TALENT AGENCY
414 Baxter Avenue,
Louisville, KY 40204 USA
Contact: M.J. Kaufman, Owner/Director
T 1 502 585 4152
F 1 502 589 5502
E mjkmodels@mindspring.com

DIAMOND MODEL & TALENT AGENCY
1195A South Main Street,
Madisonville, KY 42431 USA
Contact: Penny Giardinella
T 1 502 821 0600
F 1 502 821 0660

MODEL & TALENT AGENCIES, LOUISIANA

MODEL & TALENT MANAGEMENT
DOLLY DEAN NETWORK
3617 S Sherwood Forest Blvd, Suite B,
Baton Rouge, LA 70816 USA
Contact: Brenda Netzberger, Director
T 1 225 292 2424
F 1 225 293 8668

STAGE 2000 MODEL & TALENT CENTER
8133 Royalwood Drive,
Baton Rouge, LA 70806 USA
Contact: Ron Randell
T 1 225 216 9195
F 1 225 927 1644
E randell@premier.net

John Casablancas Model & Career Center
880 West Commerce Road, Suite 103,
Harahan, LA 70123 USA
T 1 504 818 1000
F 1 504 734 8723

MTP
880 West Commerce Road, Suite 103,
Harahan, LA 70123 USA
T 1 504 818 1800
F 1 504 734 8723

ABOUTFACES MODEL & TALENT MGMT
423 Jefferson Street, P.O. Box 92243
Lafayette, LA 70501 USA
Contact: Tracey Dundas
T 1 318 235 3223
VM 1 800 721 5365
F 1 318 235 3111
T 1 504 522 3030 New Orleans

IMAGES MODEL & TALENT AGENCY

511 Jefferson Street,
Lafayette, LA 70501 USA
Contact: Simone Steen
T 1 318 269 5610
F 1 318 269 4714
E 511images@bellsouth.net

Glamour Modeling & Talent

P.O. Box 1526,
Meraux, LA 70075-1526 USA
T 1 504 279 7313
F 1 504 279 7313

ABA CONVENTION MODELS

4518 Magazine Street,
New Orleans, LA 70115 USA
Contact: Lee MacKenzie
T 1 504 895 2000
F 1 504 891 7177
W www.abausa.com
E info@abausa.com
CONVENTION • PROMOTION •
SPECIAL EVENT STAFFING

ABOUTFACES MODEL & TALENT MANAGEMENT

929 Julia Street, 2nd Floor,
New Orleans, LA 70113 USA
Contact: Tracey Dundas
T 1 504 522 3030
VM 1 800 721 5365
F 1 504 522 0850
T 1 318 235 3223 Lafayette

Del Corral Agency

130 South Telemachus,
New Orleans, LA 70119 USA
T 1 504 486 6335
F 1 504 486 3020

FAMEAGENCY.COM INC.

4004 Magazine Street,
New Orleans, LA 70115
Contact: Lee MacKenzie
Promotion Division: Catherine Moffatt, Director
FULL SERVICE MODEL & TALENT AGENCY
T 1 800 458 9112 Toll Free
T 1 504 891 2001
T 1 504 891 2001 Promotion Division
F 1 504 891 7177
W www.fameagency.com
E info@fameagency.com
***See Ad This Section.**

MODEL MASTERS INC.

P.O. Box 820134,
New Orleans, LA 70182-0134 USA
Contact: Valarie S. Joyner
T 1 504 288 3315
F 1 504 283 6190
E mminc@tlxnet.net

New Orleans Model/Talent Agency

1347 Magazine Street,
New Orleans, LA 70130 USA
T 1 504 525 0100
F 1 504 525 6621

Victor's Int'l Models

618 North Carrollton Avenue,
New Orleans, LA 70019 USA
T 1 504 484 7255
F 1 504 484 7293

FRANCE INTERNATIONAL

106 East Kings H'way, Suite 210,
Shreveport, LA 71104 USA
Contact: Cynthia Jones-France
Also represent photographers & make-up artists
T 1 318 219 3600
F 1 318 219 3700

THE MICHAEL TURNEY AGENCY
733 Olive Street,
Shreveport, LA 71104 USA
Contact: Michael Turney / Julianna Woodruff
T 1 318 221 2628
F 1 318 868 5494
W www.MichaelTurneyAgency.com
E MichaelTurney@MichaelTurneyAgency.com

Oma's Fashion Agency Inc
2924 Knight Street,
Shreveport, LA 71105 USA
T 1 318 861 2075

CASTING DIRECTORS, LOUISIANA

ANNE MASSEY CASTING
4004 Magazine Street,
New Orleans, LA 70115 USA
Contact: Anne Massey
T 1 504 739 4109
F 1 504 891 7177
W www.mandy.com/mas011.html
E raggedyanne@prodigy.net

MODEL & TALENT AGENCIES, MAINE

Talent Source
RR 1, P.O. Box 162,
Belgrade, ME 04917 USA
T 1 207 495 143
F 1 207 495 2446

PORTLAND MODELS & TALENT
P.O. Box 220,
Phippsburg, ME 04562 USA
Contact: Jan Vazzano
T 1 207 386 1662
F 1 207 386 1661
W www.portlandmodels.com
E jvazzano@portlandmodels.com

MODEL & TALENT AGENCIES, MARYLAND

NOVA MODELS, INC.

NOVA MODELS, INC.
2120 N Charles Street,
Baltimore, MD 21218 USA
Contact: Christian David / Michael Evans
T 1 410 752 6682
F 1 410 752 5053
***See Ad This Section.**

Girls' Life
The Real Deal
Your perfect fall picks!
New Music Cool Clothes Girl TV
Double Quiz!
TOMMY HILFIGER
FINDING THE RIGHT CARE FOR AGING PARENTS
GETTING RICH AT AOL • WASHINGTON AFTER MIDNIGHT
WASHINGTONIAN
Let's Have a Party!
ALL YOU NEED TO ENTERTAIN WITH EASE
NOVA MODELS, INC.
2120 North Charles Street
Baltimore, Maryland 21218
Tel: 410.752.6682
Fax: 410.752.5053

RAMP MODEL MANAGEMENT
1713 Park Avenue, Suite B,
Baltimore, MD 21217 USA
Contact: Milton White / Mark McMullen
T 1 410 383 3444
F 1 410 383 6888
***See Ad This Section.**

Savvy Model Management
4315 Belair Road, Suite D,
Baltimore, MD 21206 USA
T 1 410 488 5133
F 1 410 488 4808

URBAN AGENCY CO. LTD.
SCOUTING OFFICE FOR JAPAN
7017 Barkwater Court,
Bethesda, MD 20817 USA
Contact: Lippe
T 1 301 229 7648
W www.urbanagency.com
E urbanagency@hotmail.com

KING PRODUCTIONS MODEL & TALENT AGENCY
8900 Edgeworth Drive, Suite B,
Capitol Heights, MD 20743 USA
Contact: Ida Kingsberry
T 1 301 350 9778
F 1 301 350 1852
W www.KingProd.com

I'M OUTTA HERE ENTERTAINMENT, INC
1300 Mercantile Lane, Suite 100-D,
Largo, MD 20774 USA
Contact: Jeannie Jones
T 1 301 386 7886
T 1 888 424 2687 Toll Free
F 1 301 386 7885
E JJIOH@aol.com

DAZZLING STARS MODEL MGMT INC.
1726 Reisterstown Road, Hilton Plaza, Suite 210,
Pikesville, MD 21208 USA
Contact: Myrna Sears
T 1 410 486 7766
F 1 410 486 5503
W www.dazzlingstars.com
E dazzlingstars@starix.net

MODEL & TALENT AGENCIES, MASSACHUSETTS

BARBIZON MODEL & TALENT AGENCY
607 Boylston Street,
Boston, MA 02116 USA
Contact: Claire Williams
T 1 617 266 6980
F 1 617 266 6920

Boston Casting
JFK, P.O. Box 9067,
Boston, MA 02114 USA
T 1 617 437 6600
F 1 617 437 6677

Chute Agency
115 Newbury Street, Suite 201,
Boston, MA 02116 USA
T 1 617 262 2626
F 1 617 262 1818

Click
125 Newbury Street, Suite 5A,
Boston, MA 02116 USA
T 1 617 266 1100
F 1 617 437 6214

COPLEY SEVEN / JO MODEL MANAGEMENT
P.O. Box 535, Boston, MA 02117 USA
Contact: Jo Somers
T 1 617 267 4444
F 1 617 451 3808

FORD MODEL MANAGEMENT INC
297 Newbury Street,
Boston, MA 02115 USA
Contact: Candy Ford
Men, Women, Kids, Print, Runway, Promo
T 1 617 266 6939
F 1 617 266 4330
W www.candyford.com
E Ford@gis.net

Image Makers
210 South Street,
Boston, MA 02111 USA
T 1 617 482 3622

JOHN ROBERT POWERS
125 Broad Street, 3rd Floor,
Boston, MA 02110 USA
Contact: Arlene Pedjoe
T 1 617 946 0508
F 1 617 946 2903
W www.johnrobertpowers.net
***See Ad On Inside Front Cover Gatefold.**

MAGGIE, INC.
35 Newbury Street,
Boston, MA 02116 USA
Contact: Maggie
T 1 617 536 2639
F 1 617 536 0651
E maggiecorp@aol.com

MODEL CLUB, INC. CHILDREN
115 Newbury Street, Suite 203,
Boston, MA 02115 USA
T 1 617 247 9020
F 1 617 247 9262
W www.modelclubinc.com
Call for Agency Book
Will Overnight Express Immediately

The Models Group
374 Congress Street, Suite 305,
Boston, MA 02210 USA
T 1 617 426 4711
F 1 617 426 6096

AGENCY ROYALE MODELING
65 Clinton Street, 3rd Floor,
Malden, MA 02148 USA
Contact: Sandra Cottreau
T 1 781 397 0993
F 1 781 324 4875

Cinderella Modeling Studio & Agency
65 Clinton Street,
Malden, MA 02148 USA
T 1 781 324 7590
F 1 781 324 4875

MTM - MODEL & TALENT MANAGEMENT
P.O. Box 600646,
Newtonville, MA 02460-0646 USA
Contact: Amy Lampinen
T 1 617 969 3555
F 1 617 969 4582

Boston Agency for Children
380 Broadway,
Somerville, MA 02145 USA
T 1 617 666 0900
F 1 617 623 2581

The Cameo Agency/Cameo Kids
49 River Street, Suite 1,
Waltham, MA 02453-8345 USA
T 1 781 647 8300
F 1 781 647 8303

ANN MILLER MANAGEMENT
P.O. Box 2058,
Westfield, MA 01085 USA
Contact: Tim Harrington
T 1 413 221 4150
P 1 888 712 0248

JOHN ROBERT POWERS
390 Main Street,
Worcestor, MA 01608 USA
Contact: Arlene Pedjoe / Roger Pedjoe
T 1 508 753 6343
F 1 508 791 0331
W www.johnrobertpowers.net
***See Ad On Inside Front Cover Gatefold.**

MODEL & TALENT AGENCIES, MICHIGAN

The Talent Shop
30100 Telegraph Road, Suite 116,
Bingham Farms, MI 48025 USA
T 1 248 644 4877
F 1 248 644 0331

PRODUCTIONS PLUS
NATIONWIDE TALENT & CASTING AGENCY
30600 Telegraph Road, Suite 2156,
Birmingham, MI 48025 USA
Contact: Margery Krevsky / D.J. Wallace
T 1 248 644 5566
F 1 248 644 6072
W www.productions-plus.com
E m_krevsky@productions-plus.com

SUCCESS MODEL & TALENT AGENCY
101 Brookside Lane, Suite N,
Brighton, MI 48116 USA
Contact: Dennis Wm. McVittie Sr
T 1 810 220 5902
F 1 810 220 5901

DWARF TALENT AUTHORITY
1295 Stoll Road,
Dewitt, MI 48820-8646 USA
Contact: Chuck Hart
T 1 517 371 2225
F 1 517 371 2725
W www.thatsdandy.com
E dwarftalent@thatsdandy.com

Mannequin • Detroit
19148 Ten Mile Road,
Eastpointe, MI 48021 USA
T 1 800 635 6335
F 1 810 775 4750

Faces for Places
22255 River Ridge Trail,
Farmington Hills, MI 48335 USA
T 1 248 471 6611
F 1 248 471 6688

Avante Modeling Agency
G-3490 Miller Road, Suite 15,
Flint, MI 48507 USA
T 1 810 732 2233
F 1 810 732 1010

DIVINE MODELS & TALENT INC
7 Ionia SW, Suite 320,
Grand Rapids, MI 49503 USA
Contact: Coleen Downey
T 1 616 774 9906
F 1 616 774 9907
E divineiwc@prodigy.net

PASTICHE MODELS & TALENT
1501 Lake Drive SE,
Grand Rapids, MI 49506 USA
Contact: Cathy Alden or Bobby Haggard
T 1 616 451 2181
F 1 616 451 8417
E pastiche@iserv.net

Unique Models & Talent
4485 Plainfield North East, Suite 101C,
Grand Rapids, MI 49525 USA
T 1 616 364 0959
F 1 616 364 5110

Adams' Pro Modeling
2722 East Michigan Avenue, Suite 205,
Lansing, MI 48912-4000 USA
T 1 517 482 4600

CLASS Modeling & Talent Agency
2722 East Michigan Avenue, Suite 205,
Lansing, MI 48912-4000 USA
T 1 517 482 1833
F 1 517 482 2185

The Casting Group
4830 N Parma Road,
Parma, MI 49269 USA
T 1 517 531 5250

JOHN CASABLANCAS
MTM • MODEL & TALENT MANAGEMENT
40400 E Ann Arbor Road, Suite 203,
Plymouth, MI 48170 USA
T 1 734 455 0700
F 1 734 455 2156

BEAUTIFUL KIDS, INC.
3806 Rosewood Lane,
Rochester Hills, MI 48309 USA
Nationwide Model Management
for Differently-Abled Children
Contact: Ginnie Cummo
T 1 248 375 2730
F 1 248 375 2741
W www.downscity.com/beautifulkids/
E GCummo@aol.com

TRAQUE INT'L MODEL MGMT INC.
316 1/2 South Main Street, Suite 201,
Royal Oak, MI 48067 USA
Contact: Lynn Clark
T 1 248 542 6355
F 1 248 542 6887
E traquemgmt@aol.com

Gail & Rice Modeling Agency
24660 Lahser Road,
Southfield, MI 48034 USA
T 1 248 799 5053
F 1 248 799 5001

The I Group Model & Talent Management
29540 Southfield Road, Suite 200,
Southfield, MI 48076 USA
T 1 248 552 8842
F 1 248 552 9866

JOHN ROBERT POWERS
26500 Northwestern, Suite 330,
Southfield, MI 48076 USA
Contact: Judi March
T 1 248 352 1234
F 1 248 352 2047
W www.johnrobertpowers.net
***See Ad On Inside Front Cover Gatefold.**

POWERS MODEL & TALENT AGENCY
26500 Northwestern, Suite 330,
Southfield, MI 48076 USA
Contact: Judi March
T 1 248 352 2098
F 1 248 352 2047
W www.johnrobertpowers.net
E jrpdetroit@aol.com

John Casablancas
38700 Van Dyke Avenue, Suite 100,
Sterling Heights, MI 48312 USA
T 1 810 795 9800
F 1 810 795 9834

AFFILIATED MODEL & TALENT GROUP
1680 Crooks Rd,
Troy, MI 48084 USA
Contact: Cathy Foreman
T 1 248 244 8770
F 1 248 244 0808
E affilpromo@earthlink.net

AERO MODEL MANAGEMENT
6230 Orchard Lake Road,
W Bloomfield, MI 48322 USA
Contact: Ann Emmerich
T 1 800 370 AERO
F 1 248 855 3244

MODEL & TALENT AGENCIES, MINNESOTA

John Casablancas
8200 Humbolt Avenue,
Bloomington, MN 55431 USA
T 1 612 948 9000
F 1 612 948 1800

Personality Plus Model & Talent Agency
7850 Metro Parkway, Suite 101,
Bloomington, MN 55425 USA
T 1 612 851 7696
F 1 612 851 7698

La Terese' Image Consulting & Modeling School/Agency
9811 54th Street,
Clear Lake, MN 55319 USA
T 1 320 743 4200
F 1 320 743 3257

ACADEMY OF FILM & TELEVISION
6651 Highway #7,
Minneapolis, MN 55426 USA
T 1 612 915 9132
F 1 612 915 9181

CARYN MODEL & TALENT AGENCY
100 North 6th Street, Suite 270B,
Minneapolis, MN 55403 USA
Contact: Cindy Burke
SAG/AFTRA Franchised
T 1 612 349 3600
F 1 612 336 4445
W www.caryninternational.com

CARYN INT'L MODEL TRAINING CENTER
6651 Highway #7,
Minneapolis, MN 55426
T 1 612 337 8400
F 1 612 915 9181
W www.caryninternational.com
E crosenburg@gte.net

JOE KATZ MODELS
3033 Excelsior Blvd, Suite 300,
Minneapolis, MN 55416 USA
Contact: Joe Katz
T 1 612 377 7630
F 1 612 253 6100

KIMBERLY FRANSON MODEL/ACTOR AGENCY
430 First Avenue North, Suite 410,
Minneapolis, MN 55401 USA
Director: Kimberly Franson / Robert Brach
T 1 612 386 5588
F 1 612 724 7946
W www.kimberlyfranson.com
E kfa@kimberlyfranson.com

MEREDITH MODEL & TALENT AGENCY
800 Washington Avenue North, Suite 511,
Minneapolis, MN 55401 USA
Contact: Stacy Meredith
SAG/AFTRA Franchised
T 1 612 340 9555
F 1 612 340 9533
T 1 973 812 0122 NJ Office
E meredithagency@earthlink.net

MOORE CREATIVE TALENT, INC.
1610 W Lake Street,
Minneapolis, MN 55408 USA
Contact: Andrea Hjelm
SAG/AFTRA/AEA Franchised
T 1 612 827 3823
F 1 612 827 5345
E Available On Request

New Faces Models & Talent
6301 Wayzata Boulevard,
Minneapolis, MN 55416 USA
T 1 612 544 8668
F 612 544 8932

Onyx Models Inc
2925 Dean Parkway, Suite 300,
Minneapolis, MN 55416 USA
T 1 612 925 8343
F 1 612 922 4426

WEHMANN MODELS & TALENT AGENCY
1128 Harmon Place, Suite 205,
Minneapolis, MN 55403 USA
Contact: Susan Wehmann
AFTRA & SAG, Casting for Feature Films
T 1 612 333 6393
F 1 612 344 1444
W www.wehmann.com
E agents@wehmann.com

KAYE & ASSOCIATES
MODEL & TALENT MANAGEMENT
11 4th Street SE, Zumbro Bldg, Suite 100,
Rochester, MN 55904 USA
Contact: Deano Kaye
T 1 507 286 1007
F 1 507 286 7492
W www.deanokaye.com
E deanokaye@aol.com

John Casablancas/MTM Agency
1021 Bandana Boulevard, Suite 128,
St Paul, MN 55108 USA
T 1 651 642 1222
F 1 651 642 1448

Model Ink Avenue
1193 Earl Street,
St Paul, MN 55106 USA
T 1 651 772 1670
F 1 651 772 1670

MTM AGENCY
1021 Bandana Blvd,
St. Paul, MN 55108 USA
Contact: Robbyn Iverson
T 1 651 642 1222
F 1 651 642 1448
W www.johncasablancasmn.com

MODEL & TALENT AGENCIES, MISSISSIPPI

Color Campus
240 Eisenhower, Bldg I-2,
Biloxi, MS 39531-3648 USA
T 1 228 388 2465
F 1 228 388 2482

ALABAMA TALENT MANAGEMENT
576 John Day Road,
Canton, MS 39046 USA
Contact: Linda Windham
T 1 205 364 8700
F 1 205 364 8813
Note: Please send all mail or headshots to the Alabama Office.
***See Ad Under Alabama Section.**

MODEL & TALENT AGENCIES, MISSOURI

BARBIZON AGENCY OF ST. LOUIS
7525 Forsyth, Clayton, MO 63105 USA
Contact: Monica
T 1 314 863 1141

MTM Agency / John Casablancas Modeling & Career Centers
1302 Virginia,
Joplin, MO 64801 USA
T 1 501 444 7972
F 1 501 587 8555

AMERICAN ARTIST AGENCY, INC
1808 Broadway, P.O. Box 412222,
Kansas City, MO 64141-2222 USA
Exec. Director: Ben Bahmani
T 1 816 474 9988
F 1 816 472 5777
W www.americanartistagency.com
***See Ad This Section.**

Career Images Model & Talent Agency
4421 Norledge Road,
Kansas City, MO 64123 USA
T 1 816 231 6483

EXPOSURE MODEL & TALENT AGENCY, INC.
215 West 18th Street,
Kansas City, MO 64108 USA
Contact: Jennifer Mangan, AFTRA
T 1 816 842 4494
T 1 800 437 6984 Toll Free
F 1 816 421 7575
W www.exposureinc.com
E exposure@kc.net

F/M Model Management
3837 Wahington Street,
Kansas City, MO 64111 USA
T 1 816 931 1318
F 1 816 931 1530

I & I MODEL GROUP • KANSAS CITY
1509 Westport Road, Suite 200,
Kansas City, MO 64111 USA
Contact: Mark Anthony Jones
T 1 816 410 9950
F 1 816 410 6944
W www.impressions-images.com
E iandimodelgroup@netscape.net

John Casablancas
330 W 47th Street, Suite 220,
Kansas City, MO 64112 USA
T 1 816 561 9400
F 1 816 561 9425

Patricia Stevens
Model and Talent Agency

PATRICIA STEVENS MODEL AGENCY
2000 Baltimore Ave,
Kansas City, MO 64108-1914 USA
Contact: Melissa Stevens
Print/Fashion/TV/Conventions/Runway
T 1 816 221 1188
F 1 816 221 2030
T 1 800 MODEL 01 Clients Only
W www.patriciastevens.net
E psmodels@aol.com
***See Ad This Section.**

TALENT UNLIMITED LLC
4049 Pennsylvania Avenue, Suite 300,
Kansas City, MO 64111 USA
Contact: Jean Liebau
T 1 816 561 9040
F 1 816 756 3950
W www.talentunlimited.net
E mail@talentunlimited.net

Allure
144 W Madison,
Kirkwood, MO 63122 USA
T 1 314 909 0666
F 1 314 909 0808

Professional Images Model & Talent
2571 W Landers Road,
Springfield, MO 65714 USA
T 1 417 725 6580
F 1 417 725 6529

CENTRO MODELS
55 Maryland Plaza,
St Louis, MO 63108 USA
Contact: Sharon Lee Tucci
T 1 314 367 5588
F 1 314 367 5599
W www.centromodels.com

THE DELCIA AGENCY
2101 Locust, 2 West,
St Louis, MO 63103 USA
Contact: June Evers
T 1 314 621 7200
F 1 314 621 1700
W www.delcia.com
E jevers@delcia.com

JOHN ROBERT POWERS
711 Old Frontenac Square,
St Louis, MI 63131 USA
Contact: Nancy Barrett
T 1 314 993 0605
F 1 314 993 2303
W www.johnrobertpowers.net
***See Ad On Inside Front Cover Gatefold.**

M INTERNATIONAL
1531 Washington Avenue, Suite 10-E,
St Louis, MO 63103 USA
Contact: Barb Chan
T 1 314 436 0480
F 1 314 436 2992

PRIMA MODELS, INC.
522A S Hanley Rd,
St Louis, MO 63105 USA
Contact: Mark Dickmann
T 1 314 721 1235
F 1 314 721 3352

TALENT PLUS, INC
55 Maryland Plaza,
St Louis, MO 63108 USA
Contact: Sharon Lee Tucci
T 1 314 367 5588
F 1 314 367 5599
W www.talent-plus.com

THEE RASPBERRY COMPANY
3807 Washington Avenue,
St Louis, MO 63108 USA
Contact: Robert Taliver Jr.
T 1 314 533 4780
F 1 314 533 4788
E bobby.t@prodigy.net

MODEL & TALENT AGENCIES, MONTANA

CREATIVE WORLD MODEL & TALENT
P.O. Box 50177,
Billings, MT 59105-0177 USA
Contact: Lynette C. Michael, President
T 1 406 259 9540
F 1 406 245 7757
E LCMichael@aol.com

MMTA- Montana's Model & Talent Agency
215 East Lewis, Suite 104,
Livingston, MT 59047 USA
T 1 406 222 3000
F 1 406 222 9390

Patricia Stevens

Model and Talent Agency

2000 Baltimore Avenue

Kansas City, MO 64108

Phone: 816.221.1188

Fax: 816.221.2030

e-mail: psmodels@aol.com

www.patriciastevens.net

MODEL & TALENT AGENCIES, NEBRASKA

IN-STYLE MODEL MANAGEMENT
1135 M Street, Suite C,
Lincoln, NE 68508 USA
Contact: Bob Reeker
T 1 402 475 3382
F 1 402 441 0628
W www.in-stylemodels.com
E noble@binary.net

Richard Lutz Ent't Agency
5625 "O" Street, Suite 7,
Lincoln, NE 68510 USA
T 1 402 483 2241
F 1 402 483 2746

INTERNATIONAL SCHOOL OF MODELING
2806 S. 110th Court,
Omaha, NE 68144 USA
Contact: Traci Lenigan
T 1 402 399 8787
F 1 402 399 8789

NANCY BOUNDS STUDIOS
11915 Pierce Plaza,
Omaha, NE 68144 USA
Contact: Ronnie Bounds
T 1 402 697 9292
F 1 402 697 9272
E boundsmodel@email.msn.com

Reel People Models & Talent
3036 North 102nd Street,
Omaha, NE 68134 USA
T 1 402 734 2122
F 1 402 734 0909

MODEL & TALENT AGENCIES, NEVADA

ALAN WAXLER GROUP
4031 South Industrial Road,
Las Vegas, NV 89103 USA
Contact: Alan Waxler
T 1 702 792 8000
F 1 702 792 8011
E awaxgrp@skylink.net

Baskow & Assocs
2948 E Russell Road,
Las Vegas, NV 89120 USA
T 1 702 733 7818

BEST MODELS & TALENT INC
4270 Cameron Street, Suite 6,
Las Vegas, NV 89103 USA
Contact: Carrie Carter-Henderson
T 1 702 889 2900
F 1 702 889 2901
W www.bestmodelsandtalent.com
E chenderson@bestmodelsandtalent.com

Classic Models & Talent
3305 Spring Mountain Road, Suite 12,
Las Vegas, NV 89102 USA
T 1 702 367 1444
F 1 702 367 6457

H.M.I. - HOLIDAY MODELS INC
900 East Desert Inn Road, Suite 101,
Las Vegas, NV 89109-9300 USA
Contact: Kami Oisboid
T 1 702 735 7353
F 1 702 796 5676
W http://www.holidaymodels.com
E hmi@holidaymodels.com

JOHN ROBERT POWERS

3010 West Charleston Boulevard, Suite 100,
Las Vegas, NV 89102 USA
Contact: Kim Flowers
T 1 702 878 7300
F 1 702 878 7266
W www.johnrobertpowers.net
***See Ad On Inside Front Cover Gatefold.**

LENZ AGENCY PEOPLE WITH TALENT

1591 E Desert Inn Road,
Las Vegas, NV 89109
Contact: Richard Weber
T 1 702 733 6888
F 1 702 731 2008
W www.lenztalent.com
E richardweber@lenztalent.com

R MODELS MANAGEMENT INC

537 E Sahara Avenue, Suite 200,
Las Vegas, NV 89104 USA
Contact: W. Cody Garden
T 1 702 944 4440
F 1 702 944 4441
W www.Rmodels.com
***See Ad This Section.**

SCM PROMOTIONAL STAFFING

8801 Las Vegas Blvd S, Las Vegas, NV 89123 USA
Specializing in Promotional Models Nationwide.
T 1 702 270 4100
E SCMPromoAL@cs.com
***Please See Our Ad Under Alabama Section.**

Supreme Agency

4180 S Sandhill Road, Suite B8,
Las Vegas, NV 89121 USA
T 1 702 433 3393

Creative Model Management

1029 Riverside Drive, P.O. Box 646,
Reno, NV 89504 USA
T 1 775 348 2001
F 1 775 348 7785

MODEL & TALENT AGENCIES, NEW HAMPSHIRE

CINDERELLA MODELING AGENCY

9 Brook Street,
Manchester, NH 03104 USA
Contact: Suzette Paradis
Serving the Boston & New England Market
T 1 603 627 4125 NH Office
F 1 603 669 5785
T 1 781 324 7590 MA Office
F 1 781 324 4875
W www.cinderellamodelsne.com
E cindmod@msn.com

NEW ENGLAND MODELS GROUP INC
250 Commercial Street, Suite 2022,
Manchester, NH 03101 USA
Contact: Kathleen Longsderff
T 1 603 624 0555
F 1 603 624 4188
W www.nemg.com
E nemodels@nemg.com

Savage Pageantry Int'l Inc
22 S Broadway,
Salem, NH 03079 USA
T 1 603 894 9734

MODEL & TALENT AGENCIES, NEW JERSEY

AC Talent/McCullough Models & Talent
8 S Hanover Avenue,
Atlantic City, NJ 08402 USA
T 1 609 822 2222
F 1 609 823 3333

CLASSIC MODEL AND TALENT MGMT
87 South Finley Avenue,
Basking Ridge, NJ 07920 USA
Contact: Kathy Nedved
T 1 908 766 6663
F 1 908 766 3053
W www.rivint.com/classic
E classic@rivint.com
***See Ad This Section.**

Pageant Perfect Bodies
153 D Ridge Road,
Cedar Grove, NJ 07009 USA
T 1 973 857 5999
F 1 973 677-3201

KD Casting
383 N Kings Highway, Suite 5B,
Cherry Hill, NJ 08034 USA
T 1 609 482 9113
F 1 609 667 2341

MODELS ON THE MOVE MODEL & TALENT AGENCY
1200 Route 70, Barclay Towers, Suite 6,
Cherry Hill, NJ 08034 USA
P.O. Box 4037, Cherry Hill, NJ 08034
Contact: Lucy King
T 1 856 667 1060
F 1 856 667 8363

Veronica Goodman Agency
605 W Route 70, Suite 1,
Cherry Hill, NJ 08002 USA
T 1 609 795 7979
F 1 609 795 7977

NATIONWIDE TALENT, INC.
P.O. Box 2423, Clifton, NJ 07015 USA
Contact: Janet Verna
T 1 973 340 3600
F 1 973 340 8323

ZUR INC. PROMOTIONAL/TALENT AGENCY

329 Myrtle Street, Box 42,
Cliffwood, NJ 07721 USA
T 1 732 566 9282
F 1 732 566 2850
W www.zur-inc.com
E talent@zur-inc.com

BEAUTI-FIT TALENT AGENCY

P.O. Box 559, Closter, NJ 07624 USA
Contact: Ken Kassel
Specializing in Athletic / Fit Models.
T 1 212 459 4472
T 1 201 767 1444
F 1 201 767 1011
C 1 201 280 5484
W www.beautifittalent.com
***See Ad This Section**

BARBIZON MODELING & ACTING

P.O. Box 681, East Brunswick, NJ 08816 USA
Contact: Carole Astuni
T 1 609 586 3310
F 1 732 257 9491
W www.modelingschools.com/greatertrentonarea/news
E barbizon_famous_models@yahoo.com

Diva Model Management

115 River Road, Suite 601,
Edgewater on the Hudson, NJ 07020 USA
T 1 201 840 1007
F 1 201 840 9850

Tayler Made Model & Talent Agency

Box 341, 977 Valley Road,
Gillette, NJ 07933 USA
T 1 908 604 6687
F 1 908 604 2451

NATORI'S CLUB

P.O. Box 186, Maplewood, NJ 07040 USA
Contact: Alnisia Cruz, Booking Director
Childrens Agency for Print, Catalog & Television.
T 1 973 762 5091
F 1 973 762 5032
E toriclub@aol.com

Jo Anderson Models

1 Eves Drive, Suite 111,
Marlton, NJ 08053 USA
T 1 609 596 7200
F 1 609 596 7299

CLERI MODELS • NJ
CLERI MODELS • NY

402 Main Street, Suite 300,
Metuchen, NJ 08840 USA
Representing the All-American to International looks for Fashion, Editorial, Catalogue, Commercial Print, TV & Film
NJ 1 732 632 9544
NY 1 212 721 6900
MODEL MANAGEMENT / New Face Division
T 1 732 632 9545
F 1 732 321 1046
***See Ad Under NYC Model Agencies.**

AXIS MODELS & TALENT, INC
46 Church Street,
Montclair, NJ 07042 USA
Contact: Sharon Norrell / Dwight Brown
T 1 973 783 4900
F 1 973 783 8081

Barbizon
70 Park Street,
Montclair, NJ 07042 USA
T 1 973 783 4030

MODEL TEAM
55 Central Avenue,
Ocean Grove, NJ 07756 USA
Contact: John Merriman
T 1 732 988 3648
F 1 732 988 9262
Featured On "Good Day, New York," European T.V. and ABC-TV! Representing Men, Women & Children (Ages 5 & up)
***See Ad Under NYC & New Jersey Sections.**

Barbizon
80 Broad Street,
Red Bank, NJ 07701 USA
T 1 732 842 6161

COVER GIRL STUDIO/MODEL MGMT INT'l
630 Kinderkamack Road,
River Edge, NJ 07661 USA
Contact: Cliff Adam
T 1 201 261 2042
F 1 201 261 2047
W www.covergirlmodelmgt.com

George Ann's Model School
156 E 3rd Avenue,
Runnemede, NJ 08078 USA
T 1 609 939 4600
F 1 609 939 5327

Dell Management Modeling Center
370 Ganttown Road,
Sewell, NJ 08080 USA
T 1 609 589 4099

Roz Clancy Casting
RR 2, P.O. Box 583A,
Titusville, NJ 08560 USA
T 1 609 730 1090
F 1 609 730 1090

MEREDITH MODEL & TALENT AGENCY
10 Furler Street,
Totowa, NJ 07512 USA
Contact: Joyce Meredith
SAG/AFTRA Franchised
T 1 973 812 0122
F 1 973 812 0141
T 1 612 340 9555 MN Office
E meredithagencynj@earthlink.net

Blanche Zeller Productions
28 Chestnut Road,
Verona, NJ 07044 USA
T 1 212 267 2530
F 1 973 239 8782

MODEL & TALENT AGENCIES, NEW MEXICO

THE EATON AGENCY
3636 High Street NE,
Albuquerque, NM 87107 USA
Contact: Abigail Eaton
T 1 505 344 3149
F 1 505 344 3018

JOHN ROBERT POWERS
2021 San Mateo North East,
Albuquerque, NM 87110 USA
Contact: Diana Horner
T 1 505 266 5677
F 1 505 266 6829
W www.johnrobertpowers.net
***See Ad On Inside Front Cover Gatefold.**

MANNEQUIN AGENCY
2021 San Mateo NE,
Albuquerque, NM 87110 USA
Contact: Diana Horner, Agent
T 1 505 266 6823
F 1 505 266 6829

Phoenix Agency
4121 Cutler Avenue NE,
Albuquerque, NM 87110 USA
T 1 505 837 9596
F 1 505 837 9597

MODEL & TALENT AGENCIES, NEW YORK STATE

Barbizon
1991 Central Avenue,
Albany, NY 12205 USA
T 1 518 456 6713
F 1 518 456 6715

Conwell Career Centre
2 Symphony Circle,
Buffalo, NY 14201 USA
T 1 716 884 0763
F 1 716 882 8931

Personal Best
3960 Harlem Road, Suite 11C,
Buffalo, NY 14226 USA
T 1 716 839 9012

Powers Model Management
119 Fairway View Drive, Suite 6,
Commack, NY 11725 USA
T 1 516 889 4028

Nexus Personal Management
P.O. Box 614,
Fairport, NY 14450 USA
T 1 716 425 1377
F 1 716 425 1362

Benard Models
175 Gordon Place,
Freeport, NY 11520 USA
T 1 516 378 0434

Christina Models
55 S Bergen Place, Suite 4E,
Freeport, NY 11520 USA
T 1 516 868 5932

New Faces
25 Woodbury Road,
Hicksville, NY 11801 USA
T 1 516 822 4208
F 1 516 938 1725

Jennifer Models Inc
168 Main Street,
Huntington, NY 11743 USA
T 1 516 385 4924
F 1 516 385 4925

Victor Andrea Model & Talent
233 Route 110,
Huntington Station, NY 11746 USA
T 1 516 425 7235
F 1 516 271 0387

Hollywood Image Model Agency
247 W Montauk Highway,
Lindenhurst, NY 11757 USA
T 1 516 226 0356
F 1 516 226 0373

Barbizon/Shiver Model Management
117 Metropolitan Park Drive,
Liverpool, NY 13088 USA
T 1 315 457 7580
F 1 315 457 6289

CLAIRE MODEL & TALENT MANAGEMENT
168 West Park Avenue,
Long Beach, NY 11561 USA
Contact: Clarice
T 1 516 897 3703
F 1 516 889 4889
E Clairemdl@aol.com

MARY THERESE FRIEL INC
1251 Pittsford Mendon Rd,
Mendon, NY 14506
Contact: Mary Therese Friel / Kent Friel
T 1 716 624 5510
F 1 716 582 1268
W www.youcanbe.com
E youcanbe@frontiernet.net

NEW YORK CITY CASTING DIRECTORS

Abigail McGrath Inc
484 W 43rd, Suite 37S,
New York, NY 10036 USA
T No Phone Calls

Adrienne Stern
149 Fifth Avenue, Suite 730,
New York, NY 10010 USA
T 1 212 253 1496

Amerifilm Casting
375 W Broadway, Suite 3R,
New York, NY 10012 USA
T 1 212 334 3382

Amy Gossels Casting
1382 Third Avenue,
New York, NY 10021 USA
T 1 212 472 6981

Avy Kaufman
180 Varick Street, 16th Floor,
New York, NY 10014 USA
T No Phone Calls

Baby Wranglers Casting
500 W 43rd, 6G,
New York, NY 10036 USA
T 1 212 736 0060

Bass/Visgilio Casting
648 Broadway, Suite 912,
New York, NY 10012 USA
T 1 212 598 9032
F 1 212 420 8424

Bernard Telsey Casting
145 W 28th, 12-F,
New York, NY 10001 USA
T No Phone

Beth Melsky Casting
928 B'way, 3rd Floor,
New York, NY 10010 USA
T 1 212 505 5000

Byron Crystal
41 Union Sq W, Suite 316,
New York, NY 10003 USA
T No Phone

Carol Hanzel Casting
39 W 19th, 12th Floor,
New York, NY 10011 USA
T 1 212 242 6113

Caroline Sinclair Casting
85 W Broadway,
New York, NY 10007 USA
T 1 212 566 0255

Chantiles/Vigneault Casting
39 W 19th, 12th Floor,
New York, NY 10011 USA
T 1 212 924 2278

Charles Rosen Casting
140 W 22nd, 4th Floor,
New York, NY 10003 USA
T 1 212 254 2080

Christine Roelfs c/o Video Portfolio Studios
12 West 27th Street, 11th Floor,
New York, NY 10001 USA
T 1 212 725 3505
F 1 212 725 4793

Complete Casting
350 W 50th, Suite 2W,
New York, NY 10019 USA
T 1 212 265 7460
F 1 212 581 5782

Contemporary Casting Ltd
P.O. Box 1844, FDR Sta,
New York, NY 10022 USA
T 1 212 838 1818

CTP Casting
22 W 27th, 10th Floor,
New York, NY 10001 USA
T 1 212 696 1100

Denise Fitzgerald Casting
111 East 12th, 2nd Floor,
New York, NY 10003 USA
T 1 212 473 2744

Disney-Touchstone Television
500 Park Avenue, 7th Floor,
New York, NY 10022 USA
T 1 212 310 5596

Donald Case Casting
386 Park Avenue S, Suite 809,
New York, NY 10016 USA
T 1 212 889 6555

Donna De Seta Casting
525 B'way, 3rd Floor,
New York, NY 10012 USA
T 1 212 274 9696
F 1 212 274 9795

Elissa Myers Casting
333 W 52nd, Suite 1008,
New York, NY 10019 USA
T 1 212 315 4777

Elsie Stark Casting
39 W 19th, 12th Floor,
New York, NY 10011 USA
T 1 212 366 1903

EPC (Eileen Powers Casting)
8 Fulton Drive,
Bewster, NY 10509 USA
T 1 914 279 5106

Godlove & Sindlinger Casting
151 W 25th, 11th Floor,
New York, NY 10001 USA
T 1 212 627 7300

Grant Wilfley Casting
60 Madison Avenue, Suite 1017,
New York, NY 10010 USA
T 1 212 685 3537

Haskins Casting
426 Broome Street, Suite 5F,
New York, NY 10013 USA
T 1 212 431 8405

Helyn Taylor Casting
140 W 58th,
New York, NY 10019 USA
T No Phone

Herman & Lipson Casting Inc
24 W 25th,
New York, NY 10010 USA
T 1 212 807 7706
F 1 212 989 7734

Hispanicast
60 E End Avenue, 12th Floor,
New York, NY 10028 USA
T 1 212 691 7366

Hyde-Hamlet Casting
P.O. Box 884 Times Square Station,
New York, NY 10108 USA
T 1 718 789 4969

Impossible Casting
111 W 17th,
New York, NY 10011 USA
T 1 212 352 9098

Irene Stockton Casting
261 Broadway, Suite 2B,
New York, NY 10007 USA
T 1 212 964 9445

Jane Brinker Casting
51 W 16th,
New York, NY 10011 USA
T 1 212 924 3322

Janet Foster
3212 Cambridge Avenue,
Riverdale, NY 10463 USA
T No Phone Calls

Jay Binder Casting
321 W 44th, Suite 606,
New York, NY 10036 USA
T 1 212 586 6777

Jerome DuMaurier
245 W 107th,
New York, NY 10025 USA
T 1 212 663 8533

Joan D'Incecco c/o Video Associates
630 Ninth Avenue, Suite 301,
New York, NY 10036 USA
T No Phone Calls
F 1 201 265 6016

Joan Lynn Casting
39 W 19th, 12th Floor,
New York, NY 10011 USA
T 1 212 675 5595
F 1 212 645 0039

Joanne Pasciuto
17-08 150th Street,
Whitestone, NY 11357 USA
T No Phone

Jodi Collins Casting
853 Broadway, Suite 803,
New York, NY 10003 USA
T 1 212 254 3400
F 1 212 982 1086

Jodi Kipperman Casting
141 Fifth Avenue, 5th Floor,
New York, NY 10010 USA
T 1 212 645 0300

Joey Gustella Casting
85-10 151st Avenue, Suite 5B,
Queens, NY 11414 USA
T 1 718 835 6451

Johnson-Liff Casting
1501 Broadway, Suite 1400,
New York, NY 10036 USA
T 1 212 391 2680

Joy Weber Casting
133 W 19th, 9th Floor,
New York, NY 10011 USA
T 1 212 245 5220

Judy Henderson & Assocs
330 W 89th,
New York, NY 10024 USA
T 1 212 877 0225

Judy Keller Casting
140 W 22nd, 4th Floor,
New York, NY 10011 USA
T 1 212 463 7676

Judy Rosensteel Casting
43 W 68th,
New York, NY 10023 USA
T No Phone

Kalin/ Todd Casting
425 E 58th, Suite 4D,
New York, NY 10022 USA
T 1 212 585 1766

Kee Casting
511 Sixth Avenue, Suite 384,
New York, NY 10011 USA
T 1 212 995 0794
F 1 212 254 5977

Kipperman Casting Inc
141 Fifth Avenue, 5th Floor,
New York, NY 10010 USA
T 1 212 645 0300

Kit Carter Casting
160 W 95th, Suite 1D,
New York, NY 10025 USA
T 1 212 864 3147

Leonard Finger
1501 Broadway, Suite 1511,
New York, NY 10036 USA
T 1 212 944 8611

Linda Ferrara Casting
217 E 86th, Suite 118,
New York, NY 10028 USA
T 1 212 772 6059

Liz Lewis Casting Partners
3 W 18th, 6th Floor,
New York, NY 10011 USA
T 1 212 645 1500

Liz Woodman Casting
11 Riverside Drive, Suite 2JE,
New York, NY 10023 USA
T 1 212 787 3782

Lynn Kressel Casting
Pier 62 W 23rd, Suite 304,
New York, NY 10011 USA
T 1 212 414 2941

Maria & Tony Greco Casting
630 Ninth Avenue, Suite 702,
New York, NY 10036 USA
T 1 212 247 2011

Marji Camner Wollin & Assocs
233 E 69th,
New York, NY 10021 USA
T 1 212 472 2528

Maureen Fremont Casting
150 E 93rd,
New York, NY 10128 USA
T 1 212 289 7618

McCorkle Casting
264 W 40th, 9th Floor,
New York, NY 10018 USA
T 1 212 840 0992

McHale Barone
30 Irving Place, 6th Floor,
New York, NY 10003 USA
T No Phone Calls

Meg Simon Casting
1600 Broadway, Suite 1005,
New York, NY 10019 USA
T 1 212 245 7670

Merry L Delmonte Casting & Productions Inc
575 Madison Avenue,
New York, NY 10022 USA
T No Phone Calls

Mike Pepino Casting
140 W 22nd, 4th Floor,
New York, NY 10011 USA
T 1 212 691 3600
F 1 212 691 5254

Mike Roscoe Casting
153 E 37th, Suite 1B,
New York, NY 10016 USA
T 1 212 725 0014

Nancy Kagan Assocs
333 E 84th,
New York, NY 10028 USA
T 1 212 794 6044

Navarro/Bertoni & Assoc
101 W 31st, Suite 2112,
New York, NY 10001 USA
T 1 212 736 9272
F 1 212 465 2064

Nickelodeon
1515 Broadway, 38th Floor,
New York, NY 10036 USA
T No Phone Calls

Orpheus Group
1600 Broadway, Suite 611,
New York, NY 10019 USA
T 1 212 957 8760

Ortlip & Filderman Casting
630 Ninth Avenue, Suite 800,
New York, NY 10036 USA
T 1 212 459 9462

Pat Sweeney Casting
61 E 8th, Suite 144,
New York, NY 10003 USA
T 1 212 265 8541

Paul Russell Casting
939 Eighth Avenue, Suite 301,
New York, NY 10019 USA
T No Phone Calls

Pennie Dupont
36 Perry Street,
New York, NY 10014 USA
T 1 212 255 2708

Prof'l Artists Unltd
513 W 54th,
New York, NY 10019 USA
T 1 212 247 8770

Reel People
23 Grove Street,
Lindenhurst, NY 11757 USA
T No Phone Calls

Riccy Reed Casting
39 W 19th, 12th Floor,
New York, NY 10011 USA
T 1 212 691 7366

Richin Casting
33 Douglas Street, Suite 1,
Brooklyn, NY 11231 USA
T 1 718 802 9628

Richin Casting
450 W 42nd, Suite 2B,
New York, NY 10036 USA
T 1 212 947 3697

Roz Clancy Casting
76 Wilfred Avenue,
Titusville, NJ 08560 USA
T No Phone
F 1 609 392 8488

Scott Powers Productions
150 Fifth Avenue, Suite 623,
New York, NY 10011 USA
T 1 212 242 4700

Selective Casting by Carol Nadell
P.O. Box 1538 Radio City Station,
New York, NY 10101 USA
T 212 7575 1510

Selective Casting by Carol Nadell
P.O. Box 1538, Radio City Sta,
New York, NY 10101 USA
T No Phone

Sherie L Seff
400 W 43rd, Suite 9-B,
New York, NY 10036 USA
T 1 212 947 7408

Stage Door Enterprises
400 Central Park W, Suite 3-H,
New York, NY 10025 USA
T 1 212 865 3966

Stark Naked Productions
39 W 19th, 12th Floor,
New York, NY 10011 USA
T 1 212 366 1903

Stephanie Klapper Casting
41 W 86th, Suite 3D,
New York, NY 10024 USA
T 1 212 580 0688
F 1 212 769 3177

Strickman-Ripps Casting
66 N Moore Street, Suite 3A,
New York, NY 10013 USA
T 1 212 966 3211

Stuart Howard Assocs
22 W 27th, 10th Floor,
New York, NY 10001 USA
T 1 212 725 7770

MODELS FOR CHRIST

EACH YEAR ON VALENTINES DAY, AIDS PATIENTS ARE THE FOCUS FOR MODELS FOR CHRIST. HANDCRAFTED FLORAL HEARTS AND PERSONAL CARDS ARE ASSEMBLED FOR PATIENTS AT SEVERAL HOSPITALS. VOLUNTEERS LIKE DARREN DELIVER THESE GIFTS AND SPEND AS MUCH QUALITY TIME WITH EACH PATIENT AS POSSIBLE. VISIT OUR WEBSITE AT WWW.MODELSFORCHRIST.COM TO LEARN MORE ABOUT THIS PROJECT AND 17 OTHER COMMUNITY SERVICE PROJECT IDEAS YOU CAN TRY IN YOUR TOWN. JUST CLICK ON THE BUTTON "GIVING BACK".

M·F·C
Light in the darkness

MODELS FOR CHRIST SEEKS TO ENCOURAGE AND STRENGTHEN THE SPIRITUAL GROWTH OF ALL THOSE INTERESTED WITHIN THE FASHION BUSINESS. SINCE 1984, MODELS FOR CHRIST HAS BEEN A LIGHTHOUSE WITHIN THE DARKNESS OF THE FASHION INDUSTRY. MODELS, PHOTOGRAPHERS, AGENTS, DESIGNERS, ART DIRECTORS AND OTHERS INVOLVED IN THE FASHION BUSINESS VOLUNTEER THEIR TIME AND ENERGY TO MAINTAIN THIS NON-PROFIT ORGANIZATION. WE PROVIDE HELPFUL RESOURCES FOR SPIRITUAL GROWTH, SPONSOR OUTREACH PROJECTS, HOLD REGULAR BIBLE STUDIES, AND CONNECT FASHION PROFESSIONALS WITH FELLOWSHIP IN PARIS, MILAN, TOKYO AND OTHER MAJOR FASHION CAPITALS. VISIT US TODAY AT WWW.MODELSFORCHRIST.COM OR 54 WEST 39TH ST. 3RD FLOOR NEW YORK,NY 10018 (212)780-4881.

PAUL@WILHELMINA

CHERIE@WILHELMINA

CHRISTINA@CLICK

JUSTIN@FORD

ALINE SOULIERS NEW YORK
ANDRE WERTHER PARIS
ART JAM PARIS
ATLANTIS NEW YORK
BANANAS MAMBO PARIS
BASS LOS ANGELES
BEAUTIES PARIS
BEST ONE PARIS
BLACK & BLUE MIAMI
BLU LOS ANGELES
BROADCASTING LONDON
BURDA PUBLICATIONS MUNICH
CAROL HAYES LONDON
CELESTINE LOS ANGELES
CELESTINE NEW YORK
CELESTINE SEATTLE
CHAMPAGNE(TROTT LOS ANGELES
CITY PARIS
CLEAR NEW YORK
CRYSTAL PARIS

GARREN NEW YORK
HEFFNER SEATTLE
ICE MILAN
ID NEW YORK
IDOLE PARIS
INDEPENDENT ARTISTS DALLAS
INSTITUTO FONTECHA SAN JUAN
JED ROOT NEW YORK
JET SET LAJOLLA
JUDY CASEY NEW YORK
KARIN ARTISTS MIAMI
KARIN ARTISTS NEW YORK
KARIN MODELS MIAMI
KARIN MODELS NEW YORK
KARIN MODELS PARIS
LANZOTTI & CLEVELAND MILAN
L'ATELIER NEW YORK
LES TROIS SUISSES FRANCE
LIGHTHOUSE PARIS
MADISON PARIS

NEXT LONDON
NEXT MIAMI
NEXT LOS ANGELES
NEXT NEW YORK
NEXT PARIS
NOUS LOS ANGELES
NOVA MODELS MUNICH
PAOLO TOMEI MILAN
PMI NEW YORK
PREMIER LONDON
PROFIL BY SUCCESS PARIS
PROFILE LONDON
PROFILE LOS ANGELES
Q LOS ANGELES
Q NEW YORK
RICCARDO GAY MILAN
SELECT LONDON
SILVESTRE PARIS
SPECIAL AGENT NEW YORK
SPIRIT NEW YORK

CREATION AND DEVELOPMENT OF SOFTWARE

CURVES NEW YORK
DANIELE FORSYTHE NEW YORK
DE BOEKERS AMSTERDAM
DNA NEW YORK
ECLIPSE PARIS
ELITE BARCELONA
ELITE MADRID
ELITE MIAMI
ELITE MILAN
ELITE NEW YORK
ELITE PARIS
EMPIRE LOS ANGELES
EYE FOR I MILAN
FAM PARIS
FASHION MILAN
FOLIO MONTREAL
FORD PARIS
FRANCINA BARCELONA
FUTURE MILAN
GARREN MIAMI

MAJOR NEW YORK
MAO NEW YORK
MAO PARIS
MARILYN NEW YORK
MARILYN PARIS
MEGA HAMBURG
MEGA NEW YORK
MEN'S BOARD MIAMI
METROPOLITAN NEW YORK
METROPOLITAN PARIS
MGM PARIS
MICHELE FILOMENO NEW YORK
MICHELE FILOMENO PARIS
MODEL MANAGEMENT HAMBURG
MODEL SEARCH AMERICA NEW YORK
MODELS ONE ATHENS
MONTAGE MONTREAL
MUNICH MODELS MUNICH
NATHALIE PARIS
NEW YORK MODEL NEW YORK

STORM LONDON
SUCCESS PARIS
TAKE 2 LONDON
TATOO NEW YORK
TALENTS MUNICH
THE AGENCY NEW YORK
THE WALL GROUP NEW YORK
THOMPSON NEW YORK
T MANAGEMENT NEW YORK
212 ARTISTS NEW YORK
UTOPIA NEW YORK
VERNON JOLLY NEW YORK
VISION PARIS
VIVA PARIS
WANT MILAN
WARNING LOS ANGELES
WILHELMINA NEW YORK
WILSON/WENZEL NEW YORK
WOMEN NEW YORK
X'POSURE PARIS

Sue Charney Casting
345 E 56th, PH-A,
New York, NY 10022 USA
T 1 212 642 5535

Sue Crystal Casting
251 W 87th, Suite 26,
New York, NY 10024 USA
T 1 212 877 0737

Sylvia Fay Casting
71 Park Avenue,
New York, NY 10016 USA
T 1 212 889 2626

Todd Thaler Productions
130 W 57th,
New York, NY 10019 USA
T 1 212 246 7116

Toni Roberts Casting Ltd
150 Fifth Avenue, Suite 717,
New York, NY 10011 USA
T No Phone

Videoactive Talent
353 W 48th, 2nd Floor,
New York, NY 10036 USA
T 1 212 541 8106

Weist-Barron Casting
35 W 45th,
New York, NY 10036 USA
T 1 212 840 7025

Writers & Artists Agency
19 W 44th,
New York, NY 10036 USA
T 1 212 391 1112

NEW YORK CITY MODEL AGENCIES

Abrams Artists Agency
420 Madison Avenue, Suite 1400,
New York, NY 10017 USA
T 1 212 935 8980
F 1 212 935 2862

Aline Souliers Management
450 W 15th,
New York, NY 10011 USA
T 1 212 243 6262
F 1 212 243 6565

APM MODEL MANAGEMENT INC.
18 W 21st Street,
New York, NY 10010 USA
Contact: Penny Basch / Louise Roberts
T 1 212 352 9230
F 1 212 633 8741

BARBIZON SCHOOL OF MODELING
15 Penn Plaza,
New York, NY 10001 USA
Promotions, Trade Shows, Hostesses; Est. 1939
T 1 212 239 1110
T 1 718 230 0550
F 1 212 967 4256

Click Models
129 W 27th, PH,
New York, NY 10001 USA
T 1 212 206 1616
F 1 212 206 6228

COMPANY MANAGEMENT • NEW YORK
270 Lafayette Street, Suite 1400,
New York, NY 10012 USA
Michael Flutie, President
T 1 212 226 9190
F 1 212 226 9791
E CompanyNYC@aol.com
***See Ad This Section.**

CUNNINGHAM, ESCOTT & DIPENE
257 Park Avenue South, Suite 900,
New York, NY 10010 USA
Contact: Sharon Reich, Print
T 1 212 477 3838

Curves at Karin
524 Broadway, 4th Floor,
New York, NY 10012 USA
T 1 212 343 3661
F 1 212 226 4060

DNA Model Management
145 Hudson Street, 12th fl,
New York, NY 10013 USA
T 1 212 226 0080
F 1 212 226 7711

E Models
185 Franklin Street, 5th Floor,
New York, NY 10013 USA
T 1 212 925 2500
F 1 212 925 5434

GUCCI
eyewear
Safilo
Safilo USA 801 Jefferson Road Parsippany, NJ 07054 973 952-2800

Casting
Photo Shoots
Product Demos
Event Models
Sports Marketing
Trade Shows
strength & beauty
an iron hand in a velvet glove
BeautiFit Model: Debbie Kruck Photo: Woody Williams
©1998 BeautiFit, a division of Kenneth I. Kassel, Inc.
BeautiFit
The Talent Agency for the Physically Elite
(212) 459-4472 ext.11

ELITE MODEL MANAGEMENT

111 E 22nd Street,
New York, NY 10010 USA
John Casablancas / Monique Pillard
T 1 212 529 9700
F 1 212 475 0572
E eliteny@freewwweb.com

Elite Runway/Ellen Harth

111 E 22nd Street,
New York, NY 10010 USA
T 1 212 529 9700
F 1 212 475 0572

FFT/FUNNYFACE TODAY, INC.

151 E 31st Street, Suite 24J,
New York, NY 10016 USA
Contact: Jane Blum
T 1 212 686 4343
F 1 212 689 8619
W www.fftmodels.com
E fft@fftmodels.com

FLAUNT MODEL MANAGEMENT, INC.

114 E 32nd Street, Suite 501,
New York, NY 10016 USA
President: Gene Roseman
Representing Men and Women
T 1 212 679 9011
F 1 212 679 0938
E veeeee@aol.com

Ford Models

142 Greene Street, 4th Floor,
New York, NY 10012 USA
T 1 212 219 6500
F 1 212 966 1531

Gilla Roos Ltd

16 W 22nd Street, 7th Floor,
New York, NY 10010 USA
T 1 212 727 7820
F 1 212 727 7833

Gotham Model Management
110 Greene Street,
New York, NY 10012 USA
T 1 212 431 0100
F 1 212 431 6258

GRACE DEL MARCO
MULTI-CULTURAL MODEL & TALENT GROUP
350 Fifth Avenue, Suite 3110,
New York, NY 10118 USA
Contact: Dee Simmons-Edelstein, Director
T 1 212 629 6404
F 1 212 629 6403
***See Ad This Section**

GRAMERCY MODELS INC.
234 Fifth Avenue, Suite 506,
New York, NY 10001 USA
Contact: Vicki Sasso, President
T 1 212 481 1227
T 1 212 481 1757
F 1 212 779 3493

ID MEN
155 Spring Street,
New York, NY 10012
T 1 212 334 4333
F 1 212 334 4999
W www.idmodels.com
E men@idmodels.com

ID MODEL MANAGEMENT
155 Spring Street,
New York, NY 10012 USA
T 1 212 941 5858
F 1 212 941 5776
W www.idmodels.com
E info@idmodels.com

CATALOGUE

COMMERCIAL

TLG

THE LYONS GROUP

CATALOGUE, COMMERCIAL, SPORTS, FITNESS & BODY MODELS

FOR ALL YOUR ADVERTISING NEEDS

PLEASE CALL FOR A HEADSHEET OR A COMPOSITE PULL FOR YOUR PROJECT

(212) 239-3539

505 EIGHTH AVENUE, SUITE 1400 • NEW YORK, NY 10018

e-mail: LYONSGRPNY@aol.com

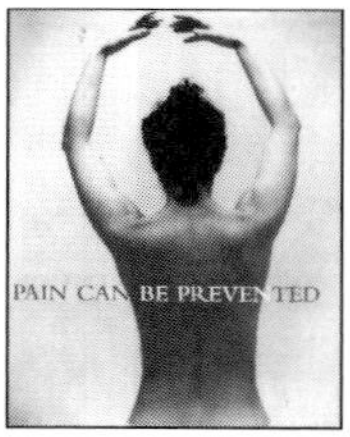
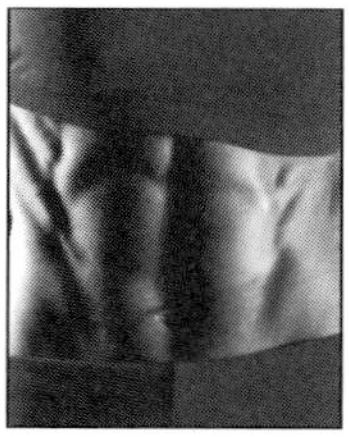

BODY

IN THEIR FACE
LIKE A
GIRL

SPORTS

IKON • NEW YORK
140 West 22nd Street, 2nd Floor,
New York, NY 10011 USA
Contact: Cynthia Aktipis
T 1 212 691 2363
F 1 212 691 3622
E ikon@sprynet.com
*See Ad This Section.

IMAGES MANAGEMENT
WOMEN
30 E 20th Street, 6th Floor,
New York, NY 10003 USA
T 1 212 228 0300
F 1 212 228 0438

IMG MODELS
304 Park Ave South, Penthouse North,
New York, NY 10010 USA
Director: Jan Planit
T 1 212 253 8882
F 1 212 253 8883
*See Ad This Section.

JOHN ROBERT POWERS
90 West Street,
New York, NY 10006 USA
Contact: Giampiero
T 1 888 41 MODEL
W www.johnrobertpowers.net
*See Ad On Inside Front Cover Gatefold.

KARIN MODELS • NEW YORK
524 Broadway
New York, NY 10012 USA
T 1 212 226 4100
T 1 212 334 6400 Women's Booking
F 1 212 226 4060

CHANGING THE FUTURE OF THE SCOUTING INDUSTRY
The Palm Group's International Model Search Invitational (IMSI) enters the new millennium as
Seek
Model and Talent Search
We are redefining how the top agencies find the top talent. Not only do we bring the best models but now we supply the entertainment industry with the hottest acting talent.
Seek
www.seektalent.com
newfaces@seektalent.com
14 N Peoria, Suite 7G
Chicago, IL 60607
voice 312 633 9911
fax 312 633 9922

THE LYONS GROUP

505 Eighth Avenue, Suite 1400,
New York, NY 10018 USA
Contact: Mike Lyons
Commercial & Catalog Print
Sport Models•Athletic Bodies (Male/Female)
T 1 212 239 3539
F 1 212 643 1920
W www.lyonsgroupny.com
E Lyonsgrpny@aol.com

MAC 2

156 Fifth Avenue, Suite 222,
New York, NY 10010 USA
Contact: Marielle Cardone
T 1 212 627 3100
F 1 212 627 7293
W www.mcdonaldrichardsmodels.com
E mac2nyc@interport.net
*See Ad This Section.

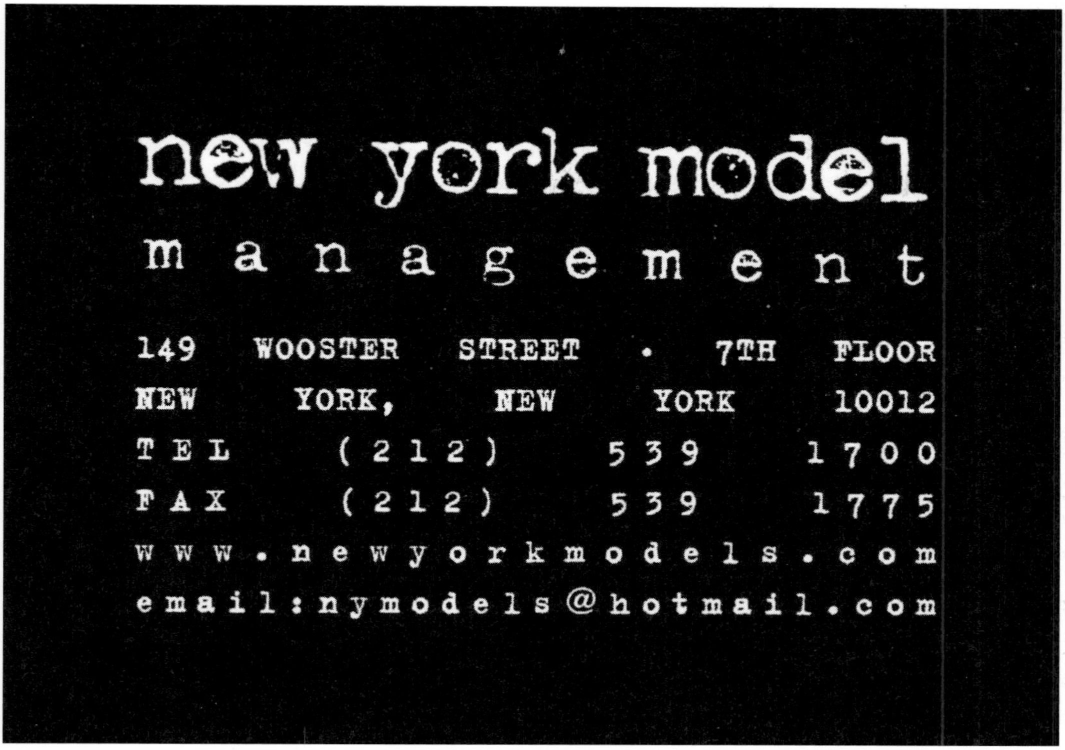
new york model
management
149 WOOSTER STREET • 7TH FLOOR
NEW YORK, NEW YORK 10012
TEL (212) 539 1700
FAX (212) 539 1775
www.newyorkmodels.com
email:nymodels@hotmail.com

MADISON MODELS
84 Wooster Street, 4th Floor,
New York, NY 10012 USA
Contact: Eduard Pesch
T 1 212 941 5577
F 1 212 941 5559
W www.madisonmodels.com
E info@madisonmodels.com

MAJOR MODEL MANAGEMENT
381 Park Ave South, Suite 1501,
New York, NY 10016 USA
Contact: David Grilli, New Faces
T 1 212 685 1200
F 1 212 683 5200

MARILYN INC
300 Park Ave South, 2nd Floor,
New York, NY 10010 USA
E info@marilyn-ny.com
T 1 212 260 6500
F 1 212 260 0821

MAXX MEN
30 E 20th Street, 6th Floor,
New York, NY 10003 USA
T 1 212 228 0300
F 1 212 228 0438

McDONALD/RICHARDS MODEL MANAGEMENT
156 Fifth Avenue, Suite 222,
New York, NY 10010 USA
Contact: Gary Bertalovitz, President
T 1 212 627 3100
F 1 212 627 7293
W www.mcdonaldrichardsmodels.com
E mcdrnyc@interport.net
*See Ad This Section.

Mega Management
594 Broadway, Suite 507,
New York, NY 10012 USA
T 1 212 334 5800
F 1 212 334 9164

GENERATE THE LOOK YOU WANT!
IMPRESSION
COLOR
COMPOSITES
INC.
PHOTO CARDS.
LASER CARDS.
COMPLETE SETUPS.
RETOUCHING.
AGENCY DISCOUNTS.
CREATE YOUR OWN COMP.
Laser & Photo Composites For The New Millennia
100 LASER COMPS FOR $ 140.00
100 PHOTO COMPS FOR $ 170.00
820 Jill Court, East Meadow, NY 11554
Toll Free: 1-888-820-9096 • In NY 1-516-481-6247
Photo Peter Baratti
Jennifer Is Represented By Global Model Registry

Metropolitan
220 Fifth Avenue, Suite 800,
New York, NY 10001 USA
T 1 212 481 0500
F 1 212 481 2525

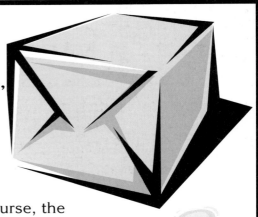

MODEL & TALENT MANAGEMENT
The Placement Division of
Barbizon School-Manhattan, Est. 1939
15 Penn Plaza,
New York, NY 10001 USA
T 1 212 239 1110
F 1 212 967 4256

MODEL SEARCH AMERICA

588 Broadway, Suite 711,
New York, NY 10012 USA
Contact: F. David Mogull
T 1 212 343 0100
F 1 212 966 3322
*See Ad This Section.

NEW YORK MODEL MANAGEMENT

149 Wooster Street, 7th Floor,
New York, NY 10012 USA
T 1 212 539 1700
F 1 212 539 1775
W www.newyorkmodels.com
E nymodels@hotmail.com
*See Ad This Section.

NEXT MANAGEMENT

23 Watts Street,
New York, NY 10013
T 1 212 925 5100
T 1 212 334 3337 Men
T 1 212 226 2225 New Faces
T 1 212 925 3900 Women
T 1 212 925 5300 Women
F 1 212 925 5931
W www.nextmodels.com
*See Ad This Section.

NMK

19 W 21st Street, Suite 401,
New York, NY 10010 USA
Contact: Ken Metz / Debbi Kowall
T 1 212 741 7000
F 1 212 741 7007
E NMKMOD@aol.com
*See Ad This Section.

Eliminate
UNWANTED HAIR

The hair removal method you've been searching for!

Our clinic proudly introduces:

EpiLight™

Medically Supervised Hair Removal System

FOR MORE INFORMATION CALL OUR
NY - NJ Location
1-800-471-2225

With a flash of light, say good-bye to unwanted hair of any color from any body area! EpiLight treatments are easy, convenient and customized for your hair color, skin tone and body area. **EpiLight™** treats large areas quickly with minimal discomfort.

CALL NOW to learn how to free yourself from the tedium of your current hair removal rituals.

Models + Make-Up = Agency Income
Use the formula...
BIO-HYDRIA® GENTLE EXFOLIANT
ARBONNE INTERNATIONAL
BODY LOTION
SKIN CONDITIONING OIL
ARBONNE SKIN FITNESS FOR MEN
Cleansing Scrub
BIO-MATTE™ OIL FREE
MOISTURE FOR DAY SPF 8
SUISSE SUISSE
net wt. 2 oz./56 g
NutriMinC
Night Cream with Bio-Hydria®
Crème de Nuit avec Bio-Hydria®
1.5 oz./45 mL
Realize the potential!
ARBONNE
INTERNATIONAL
or more information how your school or agency
can become an Arbonne Distributor,
call Peter Glenn Publications
888-332-6700 or e-mail: arbonne@pgdirect.com

Led Zed's modeling composites
prices starting at $75
elizabeth
height 5' 9
eyes green
hair brown
dress 2/4
bust 32
waist 24
hips 33
shoe 10
photos:emin www.eminphotography.com
2-4 day turn around
great service,quality and price
over 20 orders receive free business cards
come to the best!!!
discounts for agencies
call toll free 1.888.923.comp
(2667)

Parts Models

P.O. Box 7529, FDR Station,
New York, NY 10150 USA

T 1 212 744 6123

F 1 212 396 3014

PAULINE'S MODEL MANAGEMENT

379 West Broadway, Suite 502,
New York, NY 10012 USA

T 1 212 941 6000

F 1 212 274 0434

E pb941-66@mindspring.com

NMK
MODELS and Talent
Print, Runway and Showroom
SAG/AFTRA
On-Camera
19 West 21 Street, Suite 401 New York, NY 10010
Telephone 212.741.7000
Fax 212.741.7007

PEOPLE MODEL & TALENT MANAGEMENT

155 Spring Street,
New York, NY 10012
T 1 212 941 9800
F 1 212 941 5776
W www.peopleagency.com
E info@peopleagency.com
SAG Agency

PERFORMANCE EVENT MARKETING

1133 Broadway, Suite 1403,
New York, NY 10010 USA
Contact: Michael Glickman, President
T 1 212 206 6956
F 1 212 229 1774
E PEMNYC@aol.com
Specializing in staffing local and national promotions with models & actors. New talent please mail head shots and resumes (no calls).

Q MODEL MANAGEMENT

180 Varick St, 13th Floor,
New York, NY 10014
T 1 212 807 6777 Women
T 1 212 807 6111 Men
F 1 212 807 8999
W www.qmodels.com
E nyc@qmodels.com
*See Ad This Section.

R & L Model Management

645 Fifth Avenue, East Wing, 6th Fl,
New York, NY 10022 USA
T 1 212 935 2300
F 1 212 935 0920

THE SHOT MODEL MANAGEMENT
100 Park Avenue, Suite 1600,
New York, NY 10017 USA
Contact: Curtis Gunn
T 1 212 941 7095
F 1 212 941 9605
W www.shotmodels.com
E theshot@shotmodels.com

THOMPSON
MODEL & TALENT MANAGEMENT

THOMPSON MODEL & TALENT MANAGEMENT
50 West 34th Street, Suite 6C6,
New York, NY 10001 USA
Contact: Linda Zuidmeer
T 1 212 947 6711
T 1 212 947 6732 Talent
F 1 212 947 6732
W www.thompsonmodels.com
E KimberlyThompson@msn.com

T MANAGEMENT
91 Fifth Avenue, 3rd Floor,
New York, NY 10003 USA
Contact: Annie Veltri, President
T 1 212 924 0990
F 1 212 645 4940

TOMORROW TALENT
150 Fifth Avenue, Suite 420,
New York, NY 10011 USA
Contact: Deniece
T 1 212 675 9750
F 1 212 675 9737
E Modelclub1@AOL.com

q ny
floor 13
180 varick street
nyc
usa
w 1 212 807 6777
m 1 212 807 6111
f 1 212 807 8999
e la@qmodels.com
www.qmodels.com

q la
suite 710
6100 wilshire blvd
la
ca usa
w 1 323 692 1700
m 1 323 692 1710
f 1 323 692 1701
e la@qmodels.com
www.qmodels.com

WILHELMINA INTERNATIONAL, LTD.
300 Park Avenue South, New York, NY 10010

T	1 212 473 0700	Executive/Accounting
T	1 212 473 4610	Female
T	1 212 473 2198	Men
T	1 212 473 3651	New Faces
T	1 212 473 4138	Runway
T	1 212 473 3952	Sophisticated Women
T	1 212 473 4884	10/20
T	1 212 473 1613	W2
T	1 212 473 1253	Children
T	1 212 477 3112	Kid's Search
T	1 212 477 3112	Teen Search
T	1 800 889 6633	Model Merchandise

***See Ad This Section.**

Women Model Management
199 Lafayette Street, 7th Floor,
New York, NY 10012 USA
T 1 212 334 7480
F 1 212 334 7492

ZOLI MANAGEMENT, INC
3 West 18th Street, 5th Floor
New York, NY 10011-4699 USA
T 1 212 242 1500
T 1 212 242 6060 Men
T 1 212 242 5959 Women
F 1 212 242 7505

MODEL & TALENT AGENCIES, NEW YORK, CHILDREN

Ford/Children
142 Greene Street, 4th Floor,
New York, NY 10012 USA
T 1 212 219 6150
F 1 212 219 6156

GENERATION MODEL MGMT INC.
20 West 20th Street, Suite 1008,
New York City, NY 10011 USA
Contact: Patti Fleischer
T 1 212 727 7219
F 1 212 727 7147

LITTLE MACS / MAC TEENS
156 Fifth Avenue, Suite 222,
New York, NY 10010 USA
Contact: Benjamin Donner
T 1 212 627 3100
F 1 212 627 7293
W www.mcdonaldrichardsmodels.com
***See Ad This Section.**

PRODUCT MODEL MANAGEMENT INC.
240 W 35th Street, Suite 1001,
New York, NY 10001 USA
Contact: Alyson, Michael or Charles
T 1 212 563 6444
F 1 212 465 1967

Rachael's Totz n Teenz
134 W 29th, Suite 903,
New York, NY 10001 USA
T 1 212 967 3167
F 1 212 967 3931

Schuller Talent/New York Kids
276 Fifth Avenue,
New York, NY 10001 USA
T 1 212 532 6005
F 1 212 779 3497

WILHELMINA
CHILDREN'S DIVISION

WILHELMINA CREATIVE MANAGEMENT
300 Park Avenue South,
New York, NY 10010
Infants to 12 years old
T 1 212 473 1253
T 1 212 979 9797 TV
T 1 212 271 1601 TV
T 1 212 477 3112 Kid's Search Contest
T 1 212 477 3112 Teen Search Contest
T 1 800 889 6633 Model Merchandise
F 1 212 473 3223
***See Ad This Section.**

Smiles Are Romantic®
Call
781-280-

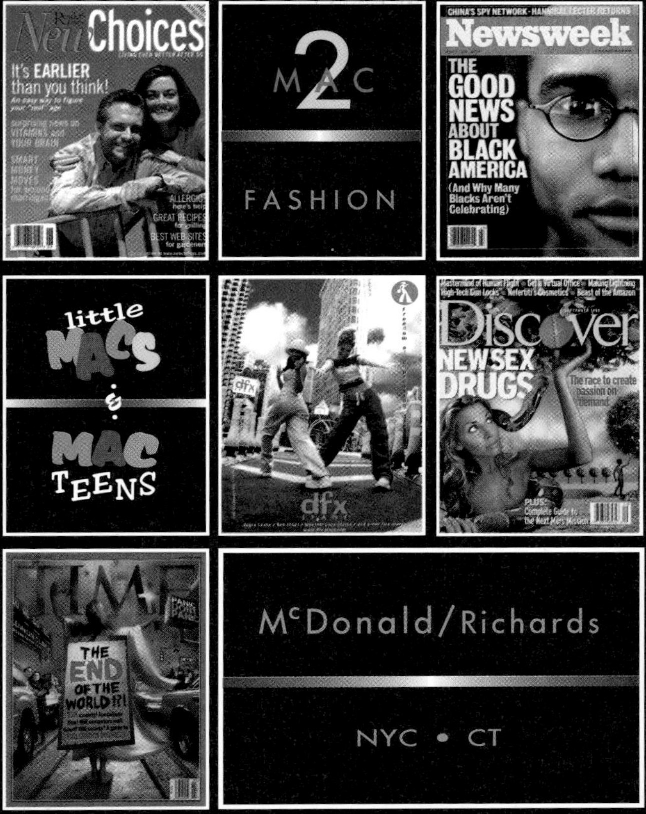
New Choices
It's EARLIER than you think!
MAC 2
FASHION
Newsweek
THE GOOD NEWS ABOUT BLACK AMERICA
(And Why Many Blacks Aren't Celebrating)
little MACS & MAC TEENS
dfx
Discover
NEW SEX DRUGS
The race to create passion on demand
TIME
THE END OF THE WORLD!?!
McDonald/Richards
NYC • CT

NEW YORK CITY, PERSONAL MANAGERS

Bethann Management
36 North Moore Street,
New York, NY 10013 USA
T 1 212 925 2153
F 1 212 941 6537

Betty A Geffen
17 W 71st,
New York, NY 10023 USA
T 1 212 874 6374

Carolines Management
1626 Broadway,
New York, NY 10019 USA
T 1 212 956 0101
F 1 212 956 0197

Charlie Rapp Ents
1650 Broadway, Suite 1410,
New York, NY 10019 USA
T 1 212 247 6646

Charlie Rapp Ents
1650 B'way, Suite 1410,
New York, NY 10019 USA
T 1 212 247 6646

Cuzzins Management
250 W 57th, Suite 2601,
New York, NY 10107 USA
T 1 212 765 6559
F 1 212 765 6769

Dee-Mura Ents
269 W Shore Drive,
Massapequa, NY 11758 USA
T 1 516 795 1616
F 1 516 795 8797

Discovery Talent Management
72 Moriches Road,
Lk Grv, NY ll755 USA
T 1 212 877 6670

Essay Management
P.O. Box 755,
New York, NY 10108 USA
T 1 212 779 2142

Flutie Entertainment Corp
270 Lafayette Street, Suite 1400,
New York, NY 10012 USA
T 1 212 226 7001
F 1 212 226 9791

Fox Entertainmentt Co Inc
1650 Broadway, Suite 503,
New York, NY 10019 USA
T 1 212 582 9072

Full Circle Management
360 W 55th, 10th Floor,
New York, NY 10019 USA
T 1 212 333 4014

Gerald W Purcell Assocs
964 Second Avenue,
New York, NY 10022 USA
T 1 212 421 2670
F 1 212 838 5705

Goldstar Talent Management Inc
850 Seventh Avenue, Suite 904,
New York, NY 10019 USA
T 1 212 315 4429
F 1 212 315 4574

Green Key Management
251 W 89th, Suite 4A,
New York, NY 10024 USA
T 1 212 874 7373

Greenfield Assocs
1140 Sixth Avenue,
New York, NY 10036 USA
T 1 212 245 8130

Harvey Bellovin
410 E 64th,
New York, NY 10021 USA
T 1 212 752 5181

Hilory Beckford Management
15 Penn Plaza,
New York, NY 10001 USA
T 1 212 563 3313
F 1 212 239 0040

IKON • NEW YORK
140 West 22nd Street, 2nd Floor,
New York, NY 10011 USA
Contact: Cynthia Aktipis
T 1 212 691 2363
F 1 212 691 3622
E ikon@sprynet.com
***See Ad This Section.**

Jarrett Management
220 E 63rd,
New York, NY 10021 USA
T 1 212 355 7500/752-08
F 1 212 355 7897

Jennifer Lambert
1600 Broadway, Suite 1001,
New York, NY 10019 USA
T 1 212 315 0665

J Mitchell Management
440 Park Avenue S, 11th Floor,
New York, NY 10016 USA
T 1 212 679 3550

John Jennings
881 Tenth Avenue, Suite 1A,
New York, NY 10019 USA
T 1 212 581 0377

Joseph Lodato
264 W 35th, Suite 505,
New York, NY 10001 USA
T 1 212 967 3320

Joseph Rapp Ents
1650 Broadway, Suite 705,
New York, NY 10019 USA
T 1 212 265 3366

Joyce Chase
2 Fifth Avenue,
New York, NY 10011 USA
T 1 212 473 1234

Knowles Management
234 E 52nd, Suite B,
New York, NY 10022 USA
T 1 212 750 2330
F 1 212 750 2334

Lambert & Gentile Assocs
1600 B'way, Suite 1001,
New York, NY 10019 USA
T 1 212 315 0665
F 1 212 315 0665

Landslide Management
928 Broadway, Suite 602,
New York, NY 10010 USA
T 1 212 505 7300

Lloyd Kolmer Ents
65 W 55th,
New York, NY 10019 USA
T 1 212 582 4735

THE LYONS GROUP
505 Eighth Avenue, Suite 1400,
New York, NY 10018 USA
Contact: Mike Lyons
All On Camera Areas for Commercial & Legit
T 1 212 239 3539
F 1 212 643 1920
W www.lyonsgroupny.com
E Lyonsgrpny@aol.com

Mallory Factor
275 Seventh Avenue, 19th Floor,
New York, NY 10001-6708 USA
T 1 212 242 0000
F 1 212 627 1152

Massei Management
P.O. Box 8178,
New York, NY 10116 USA
T 1 212 229 9767
F 1 212 627 2289

McGovern/Goodwin Management
8 Franklin Avenue,
New Hyde, NY 11040 USA
T 1 516 932 5310

Michael Katz Talent Management
P.O. Box 1925, Cath Station,
New York, NY 10025 USA
T 1 212 316 2492

Mollo Management
1143 W Broadway,
Hewlett, NY 11557 USA
T 1 516 569 3253
F 1 516 295 1652

Nani-Saperstein Management
162 W 56th , Suite 307,
New York, NY 10019 USA
T 1 212 582 7690
F 1 212 582 7785

Norman Reich Agency
1650 Broadway, Suite 303,
New York, NY 10019 USA
T 1 212 399 2881
F 1 212 581 4457

Podesoir Int'l Management
211 W 56th, Suite 4J,
New York, NY 10019 USA
T 1 212 767 0520
F 1 212 307 9330

RJ Alfredo Management
320 E 73rd,
New York, NY 10021 USA
T 1 212 517 4169

Rosella Olson Management
319 W 105th, Suite 1F,
New York, NY 10025 USA
T 1 212 864 0336

Sandi Merle
101 W 57th,
New York, NY 10019 USA
T 1 212 489 1578

Sea-Mgmt
51 E 42nd, Suite 1601,
New York, NY 10017 USA
T 1 212 697 9840

Seth Appel
20 E 35th, Suite 2E,
New York, NY 10016 USA
T 1 212 725 9746

Sheldon Soffer Management
130 W 56th, Suite 702,
New York, NY 10019 USA
T 1 212 757 8060
F 1 212 757 5536

Sid Seidenberg
1414 Sixth Avenue,
New York, NY 10019 USA
T 1 212 421 2021
F 1 212 688 5824

SUZELLE ENTERPRISES
100 W 57th Street, Suite 15E,
New York, NY 10019 USA
Contact: Suzanne Schachter
T 1 212 397 2047
F 1 212 397 2032
W www.avotaynu.com/suzelle

Tannen's Talent Ltd
77 Tarrytown Road,
White Plains, NY 10607 USA
T 1 914 946 0900
F 1 914 946 1547

Think Tank Talent
389 Fifth Avenue, Suite 1010,
New York, NY 10016 USA
T 1 914 237 5834
F 1 914 237 6541

Top Drawer Ent't
108-39 Union Turnpike,
Forest Hills, NY 11375 USA
T 1 718 896 4001
F 1 718 896 8671

Tunny Ent't
30 W 63rd,
New York, NY 10023 USA
T 1 212 582 2023

Val Irving
30 Park Avenue,
New York, NY 10016 USA
T 1 212 685 5496

Vic Ramos Management
49 W 9th, Suite 5B,
New York, NY 10011 USA
T 1 212 473 2610

Whatley Mgmt & Prod'n Co
315 E 57th, Suite 5B,
New York, NY 10022 USA
T 1 212 308 9682

Young Talent Inc
301 E 62nd, Suite 2C,
New York, NY 10021 USA
T 1 212 308 0930

NEW YORK CITY SPORTS CELEBRITY SERVICES

THE LYONS GROUP
505 Eighth Avenue, Suite 1400,
New York, NY 10018 USA
Contact: Mike Lyons
All Sport Types • Athletic Bodies
Including Olympic Atheles (Male/Female)
T 1 212 239 3539
F 1 212 643 1920
W www.lyonsgroupny.com
E Lyonsgrpny@aol.com

NEW YORK CITY TALENT AGENCIES

Abrams Artists & Assocs
420 Madison Avenue, Suite 1400,
New York, NY 10017 USA
T 1 212 935 8980
F 1 212 935 2862

Actors Group Agency
1650 Broadway, Suite 711,
New York, NY 10019 USA
T 1 212 586 1452

Agency For Performing Arts
888 Seventh Avenue, Suite 602,
New York, NY 10106 USA
T 1 212 582 1500
F 1 212 245 1647

Agents For The Arts
203 W 23rd, 3rd Floor,
New York, NY 10011 USA
T 1 212 229 2562

American Int'l Talent Agency
303 W 42nd, Suite 608,
New York, NY 10036 USA
T 1 212 245 8888
F 1 212 245 8926

Andreadis Talent Agency
119 W 57th, Suite 711,
New York, NY 10019 USA
T 1 212 315 0303
F 1 212 727 3279

Ann Wright Reps
165 W 46th, Suite 1105,
New York, NY 10036 USA
T 1 212 764 6770

Anthony Soglio
423 Madison Avenue,
New York, NY 10017 USA
T 1 212 751 1850

Archer King Ltd
244 West 54th Street, 12th Floor,
New York, NY 10019 USA
T 1 212 765 3103
F 1 212 765 3107

Artists Group East
1650 Broadway, Suite 711,
New York, NY 10019 USA
T 1 212 586 1452
F 1 212 586 0037

Associated Booking
1995 Broadway, Suite 501,
New York, NY 10023 USA
T 1 212 874 2400
F 1 212 769 3649

Babs Zimmerman Productions
305 E 86th,Suite 17FW
New York, NY 10028 USA
T 1 212 348 7203

Barry, Haft, Brown Artists Agency
165 W 46th, Suite 908,
New York, NY 10036 USA
T 1 212 869 9310
F 1 212 348 1268

BEAUTI-FIT TALENT AGENCY
P.O. Box 559, Closter, NJ 07624 USA
Contact: Ken Kassel
Specializing in Athletic / Fit Models.
T 1 212 459 4472
T 1 201 767 1444
F 1 201 767 1011
C 1 201 280 5484
W www.beautifittalent.com
***See Ad This Section**

Berman Boals & Flynn
208 W 30th, Suite 401,
New York, NY 10001 USA
T 1 212 868 1068

The Bethel Agency
311 West 43rd Street, Suite 602,
New York, NY 10036 USA
T 1 212 664 0455

Beverly Anderson
1501 Broadway, Suite 2008,
New York, NY 10036 USA
T 1 212 944 7773

Bret Adams
448 W 44th,
New York, NY 10036 USA
T 1 212 765 5630
F 1 212 265 2212

Bruce Levy Agency
311 West 43rd Street, Suite 602,
New York, NY 10036 USA
T 1 212 262 6845
F 1 212 262 6846

Carry-Williams Agency
49 W 46th, 4th Floor,
New York, NY 10036 USA
T 1 212 768 2793

Carson-Adler Agency
250 W 57th, Suite 808,
New York, NY 10107 USA
T 1 212 307 1882
F 1 212 541 7008

Carson Organization Ltd
Helen Hayes Theatre Bldg
240 W 44th, PH,
New York, NY 10036 USA
T 1 212 221 1517

Coleman-Rosenburg
155 E 55th, Suite 5-D,
New York, NY 10022 USA
T 1 212 838 0734

CUNNINGHAM, ESCOTT & DIPENE
257 Park Avenue South, Suite 900/950,
New York, NY 10010 USA
Voice Over: Sharon Bierut
On Camera: Ken Slevin
Children: Halle Feldstein:
T 1 212 477 1666
T 1 212 477 6622 Children

Delmonte Casting
575 Madison Avenue, 10th Floor,
New York, NY 10022 USA
T 1 212 605 0285
F 1 212 605 0286

Don Buchwald & Assocs
10 E 44th,
New York, NY 10017 USA
T 1 212 867 1200

Dorothy Palmer Talent Agency
235 W 56th,
New York, NY 10019 USA
T 1 212 765 4280
F 1 212 765 4280

Douglas Gorman Rothacker & Wilhelm
1501 Broadway, Suite 703,
New York, NY 10036 USA
T 1 212 382 2000

Duva-Flack Associates
200 W 57th, Suite 1008,
New York, NY 10019 USA
T 1 212 957 9600

Dulcina Eisen Assocs
154 E 61st,
New York, NY 10021 USA
T 1 212 355 6617
F 1 212 355 6723

Edie Robb Talent Works
301 W 53rd, Suite 4K,
New York, NY 10019 USA
T 1 212 245 3250
F 1 212 245 2853

Epstein-Wyckoff & Assocs
311 W 43rd, Suite 304,
New York, NY 10036 USA
T 1 212 586 9110
F 1 212 586 8019

EWCR & Assocs
311 W 43rd, Suite 304,
New York, NY 10036 USA
T 1 212 586 9110
F 1 212 586 8019

FFT/Funnyface Today Inc
151 E 31st, Suite 24J,
New York, NY 10016 USA
T 1 212 686 4343

Fifi Oscard Agency Inc
24 W 40th, 17th Floor,
New York, NY 10018 USA
T 1 212 764 1100

Frontier Booking Int'l
1560 Broadway, Suite 1110,
New York, NY 10036 USA
T 1 212 221 0220

Gage Group
315 W 57th, Suite 4H,
New York, NY 10019 USA
T 1 212 541 5250

Gersh Agency NY
130 W 42nd, Suite 2400,
New York, NY 10036 USA
T 1 212 997 1818
F 1 212 391 8459

Gilchrist Talent Group Inc
630 Ninth Avenue, Suite 800,
New York, NY 10036 USA
T 1 212 692 9166
F 1 212 953 4188

Ginger Dicce Talent Agency
1650 Broadway, Suite 714,
New York, NY 10019 USA
T 1 212 974 7455

Hanns Wolters Theatrical Agency
10 W 37th, 3rd Floor,
New York, NY 10018 USA
T 1 212 714 0100
F 1 212 695 2385

Harry Packwood Talent Ltd
250 W 57th, Suite 2012,
New York, NY 10107 USA
T 1 212 586 8900
F 1 212 265 9122

Henderson/Hogan Agency Inc
850 Seventh Avenue, Suite 1003,
New York, NY 10019 USA
T 1 212 765 5190
F 1 212 586 2855

HWA Talent
220 E 23rd, Suite 400,
New York, NY 10010 USA
T 1 212 889 0800

IKON • NEW YORK
140 West 22nd Street, 2nd Floor,
New York, NY 10011 USA
Contact: Cynthia Aktipis
T 1 212 691 2363
F 1 212 691 3622
E ikon@sprynet.com
***See Ad This Section.**

Ingber & Assoc
274 Madison Avenue, Suite 1104,
New York, NY 10016 USA
T 1 212 889 9450

Innovative Artists
141 Fifth Avenue, 3rd Floor,
New York, NY 10010 USA
T 1 212 253 6900

International Creative Management
40 W 57th,
New York, NY 10019 USA
T 1 212 556 5600
F 1 212 556 5665

Jerry Kahn Inc
853 Seventh Avenue, Suite 7C,
New York, NY 10019 USA
T 1 212 245 7317
F 1 212 582 9898

John Martinelli Attractions
888 Eighth Avenue,
New York, NY 10036 USA
T 1 212 586 0963
F 1 212 581 9362

Jordan, Gill & Dornbaum
156 Fifth Avenue, Suite 711,
New York, NY 10010-7002 USA
T 1 212 463 8455
F 1 212 691 6111

Kerin-Goldberg & Assocs
155 E 55th, Suite 5-D,
New York, NY 10022 USA
T 1 212 838 7373

KMA Agency
11 Broadway, Suite 1101,
New York, NY 10004 USA
T 1 212 581 4610
F 1 212 581 4610

Krasny Office Inc
1501 Broadway, Suite 1303,
New York, NY 10036 USA
T 1 212 730 8160

LBH Assocs Inc
1 Lincoln Plaza, Suite 30V,
New York, NY 10023 USA
T 1 212 501 8936

Lally Talent Agency
630 Ninth Avenue, Suite 800,
New York, NY 10036 USA
T 1 212 974 8718

Lionel Larner Ltd
119 W 57th, Suite 1412,
New York, NY 10019 USA
T 1 212 246 3105

THE LYONS GROUP
505 Eighth Avenue, Suite 1400,
New York, NY 10018 USA
Contact: Mike Lyons
T 1 212 239 3539
F 1 212 643 1920
On Camera Commercials•Commercial & Catalog Print
Sport Models-Athletic Bodies (Male/Female)
W www.lyonsgroupny.com
E Lyonsgrpny@aol.com

Marge McDermott Ents
216 E 39th,
New York, NY 10016 USA
T 1 212 889 1583

Michael Hartig Agency
156 Fifth Avenue, Suite 1018,
New York, NY 10010 USA
T 1 212 929 1772
F 1 212 929 1266

Michael Thomas Agency Inc
305 Madison Avenue, Suite 4419,
New York, NY 10165 USA
T 1 212 867 0303

Norman Reich Agency
1650 B'way, Suite 303,
New York, NY 10019 USA
T 1 212 399 2881
F 1 212 581 4457

Nouvelle Talent Inc
453 W 17th, 3rd Floor,
New York, NY 10011 USA
T 1 212 645 0940

Omnipop Inc Talent Agency
55 W Old Country Road,
Hicksville, NY 11801 USA
T 1 516 937 6011
F 1 516 937 6209

Oppenheim-Christie Assocs
13 E 37th,
New York, NY 10016 USA
T 1 212 213 4330
F 1 212 213 4754

Paradigm
200 W 57th, Suite 900,
New York, NY 10019 USA
T 1 212 246 1030

Peggy Hadley Ents
250 W 57th, Suite 2317
New York, NY 10107 USA
T 1 212 246 2166
F 1 212 756 2418

Peter Beilin Agency
230 Park Avenue, Suite 200,
New York, NY 10169 USA
T 1 212 949 9119

Peter Strain & Assocs Inc
1501 Broadway, Suite 2900,
New York, NY 10036 USA
T 1 212 391 0380
F 1 212 391 1405

Professional Artists Unltd
321 W 44th, Suite 605,
New York, NY 10036 USA
T 1 212 247 8770

Radio Active Talent Inc
350 Third Avenue, Box 400,
New York, NY 10010 USA
T 1 917 733 4700

Richard Astor Agency
250 W 57th, Suite 2014,
New York, NY 10107 USA
T 1 212 581 1970
F 1 212 581 1980

Richard Bauman & Assocs
250 W 57th, Suite 2223,
New York, NY 10107 USA
T 1 212 757 0098
F 1 212 489 8531

Richard Cataldi Agency
151 W 46 Street, Suite 1502,
New York, NY 10036 USA
T 1 212 741 7450

Sames & Rollnick Assocs
250 W 57th, Suite 703,
New York, NY 10107 USA
T 1 212 315 4434
F 1 212 582 0122

Sanders Agency Ltd
1204 Broadway, Suite 306,
New York, NY 10001 USA
T 1 212 779 3737
F 1 212 779 3761

Schiffman, Ekman, Morrison & Marx
22 W 19th, 8th Floor,
New York, NY 10011 USA
T 1 212 627 5500
F 1 212 691 8034

Schuller Talent/NY Kids
276 Fifth Avenue,
New York, NY 10001 USA
T 1 212 532 6005
F 1 212 779 3479

Silver, Massetti & Szatmary/East
145 W 45th, Suite 1204,
New York, NY 10036 USA
T 1 212 391 4545
F 1 212 354 4941

Special Artists Agency
220 Fifth Avenue, PH West,
New York, NY 10001 USA
T 1 212 213 6058

Spotlight Entertainment
322 Bowling Green,
New York, NY 10274 USA
T 1 212 675 4297

Tantleff Office
375 Greenwich Street, Suite 700,
New York, NY 10013 USA
T 1 212 941 3939

TRH Talent Agency
600 Madison Avenue, 23rd Floor,
New York, NY 10022 USA
T 1 212 371 7500
F 1 212 371 7509

Talent Reps Inc
20 E 53rd, Suite 2A
New York, NY 10022 USA
T 1 212 752 1835
F 1 212 752 7558

Universal Attractions
225 W 57th, 5th Floor
New York, NY 10019 USA
T 212 582 7575
F 1 212 333 4508

Waters & Nicolosi
1501 Broadway, Suite 1305,
New York, NY 10036 USA
T 1 212 302 8787
F 1 212 382 1019

William Morris Agency
1325 Avenue of the Americas,
New York, NY 10019 USA
T 1 212 586 5100
F 1 212 246 3583

William Schill Agency
250 W 57th, Suite 2402,
New York, NY 10107 USA
T 1 212 315 5919

Writers & Artists Agency
19 W 44th, Suite 1000
New York, NY 10036 USA
T 1 212 391 1112

MODEL & TALENT AGENCIES, NEW YORK STATE, CONTINUED

UNIVERSITY MODELS INC.
15 Pleasantville Road,
Ossining, NY 10562 USA
Contact: Michael D. Schneider
Models & Agents: Check out our FREE online portfolios!
T 1 877 4 UMODEL
F 1 914 923 3664
W www.universitymodels.com
E mail@universitymodels.com

Azetah
70 Cascade Drive,
Rochester, NY 14614 USA
T 1 716 387 0930

Magnificent Models Inc
120-53 Springfield Boulevard,
Queens, NY 11411 USA
T 1 718 978 6020

US TALENT MANAGEMENT, INC
250 N Goodman Street, Suite 3-6,
Rochester, NY 14607 USA
Contact: William Powell (Billy)
T 1 716 244 0592
F 1 716 244 4324
W www.ustalent.com
E ustalent@frontiernet.net

Sheffield's Model/Talent Agency
24 Wallace Street, 1st Floor,
Tuckahoe, NY 10707 USA
T 1 914 961 8806

Joanne's Fashion & Charm Models
2204 Pinnacle Drive,
Utica, NY 13501 USA
T 1 315 797 6424

Barbizon
190 E Post Road,
White Plains, NY 10601 USA
T 1 914 428 2030
F 1 914 428 3367

TANNEN'S TALENT & MODEL MANAGEMENT
77 Tarrytown Road,
White Plains, NY 10607 USA
Contact: Lynne Tannen
Babies-Children-Teens-Adults
T 1 914 946 0900
F 1 914 946 1547

MODEL & TALENT AGENCIES, NORTH CAROLINA

TALENT TREK • ASHEVILLE
PMB 356, 825-C Merrimon Ave,
Asheville, NC 28804 USA
Contact: Juanell Walker
T 1 828 251 0173
F 1 423 977 9200
W www.talentrek.com
E talentrek@aol.com

CAROLINA TALENT
312 Rensselaer Avenue, Suite 4,
Charlotte, NC 28203 USA
Contact: Randy Motsinger
T 1 704 332 3218
F 1 704 343 2593

ICE MODEL & TALENT MANAGEMENT
McMullen Creek Market,
8318 Pineville-Matthews Road, Suite 265,
Charlotte, NC 28226 USA
T 1 704 543 4120
F 1 704 542 4744
W www.icemodels.com
E icemodels@aol.com

John Casablancas

810 Tyvola Road, Suite 100,

Charlotte, NC 28217 USA

T 1 704 523 6966

F 1 704 523 3091

JTA Talent Inc

820 East Boulevard,

Charlotte, NC 28203 USA

T 1 704 377 5987

F 1 704 377 5854

Libby Stone Modeling School & Agency

1819 Charlotte Drive,

Charlotte, NC 28203 USA

T 1 704 377 9299

F 1 704 358 8109

ON TRACK MODELING INC

5500 Executive Center, Suite 223,

Charlotte, NC 28212 USA

Contact: David Ecksmith

T 1 704 532 6577

F 1 704 532 6220

***See Ad This Section.**

SASS MODELING & TALENT AGENCY

5501 Executive Center Drive, Suite 223,

Charlotte, NC 28212 USA

Contact: Terri Alexander

T 1 704 567 9393

F 1 704 567 1811

E sassagency@alltel.net

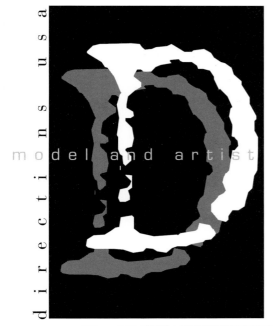

SILHOUETTES, INC.

P.O. Box 1079, Elon College, NC 27244 USA
Contact: Lori Wright
T 1 336 226 7450
F 1 336 570 0766
W www.silhouettesinc.com

NEW AMERICAN INT'L ENTERPRISE MODELING AGENCY

1761 Pamalee Drive,
Fayetteville, NC 78301 USA
Contact: Naim Hasan
Specializing in Talent • Fashion Fair • Casting
T 1 910 822 4606
F 1 910 822 8366

Roland's School & Modeling Agency

310 Hope Mills Road,
Fayetteville, NC 28304 USA
T 1 910 424 0409

AS Model Agency

4310 Wilkinson Boulevard,
Gastonia, NC 28054 USA
T 1 704 824 2001
F 1 704 824 1828

Suzanne's Modeling Studio

2502 E Ash Street,
Goldsboro, NC 27534 USA
T 1 919 734 7038

TOUCH OF CLASS

P.O. Box 942, Goldsboro, NC 27530 USA
Contact: Shelby Allegood
T 1 919 736 7665
F 1 919 736 8700

CAROLINA TALENT

5834 HIgh Point Road, Suite A
Greensboro, NC 27403 USA
T 1 336 294 4656
F 1 336 294 4655

DIRECTIONS USA

3717C Market Street,
Greensboro, NC 27401 USA
Contact: Jill Joyce
T 1 336 292 2800
F 1 336 292 2855
W www.directionsusa.com
E jrj1@nr.infi.net
***See Ad This Section.**

MARILYN'S MODEL & talent AGENCY

60l Norwalk Street,
Greensboro, NC 27407 USA
Promotions: Scottie Seaver
Print/New Faces: Freda Snyder
TV/Film: Kathy Moore
T 1 336 292 5950
F 1 336 294 9178
W www.marilyn-s.com
E models@marilyn-s.com
***See Ad This Section**

THE TALENT CONNECTION

338 N Elm Street, Suite 204,
Greensboro, NC 27401 USA
Contact: Anne Swindell
T 1 336 274 2499
F 1 336 274 9202

Touch of Class

401 W First Street,
Greenville, NC USA
T 1 252 752 0509
F 1 919 736 8700

THE BROCK AGENCY

329 13th Ave NW,
Hickory, NC 28601 USA
Contact: Beverly J Brock
T 1 828 322 8553
F 1 828 322 3224
W http://www.modelsunlimited.com
E talent@twave.net

IMAGES & FASHION
1111 26th Ave NE,
Hickory, NC 28601 USA
Contact: Debbie Black
Promotions/Print/Fashion/Film/TV/Commercial
T 1 828 327 3349
F 1 828 327 3349

JOAN BAKER STUDIO
403 Country Club Acres,
Kings Mountain, NC 28086 USA
Contact: Joan Baker
T 1 704 739 6868
F 1 704 739 6866

FAMA Models Agency & School
1605B W Vernon Avenue,
Kinston, NC 28501 USA
T 1 252 526 0390

Amron School of Fine Arts
1315 Medlin Road,
Monroe, NC 28112 USA
T 1 704 283 4290
F 1 704 283 7274

CB TALENT MANAGEMENT
101 Knotline Road, Suite 401,
New Bern, NC 28562 USA
Contact: Connie Beddow
T 1 877 92 MODEL Toll Free
W www.cbgroup.com

Barbizon
4109 Wake Forest Road, Suite 400,
Raleigh, NC 27609 USA
T 1 919 876 8201
F 1 919 876 6475

John Casablancas
4326 Bland Road,
Raleigh, NC 27609 USA
T 1 919 878 0911
F 1 919 954 9008

JOHN ROBERT POWERS
4020 Westchase Boulevard, Suite 220,
Raleigh, NC 27607 USA
T 1 919 828 9959
F 1 919 828 7449
W www.johnrobertpowers.net

Nancy Watson Agency Inc
P.O. Box 557,
Waxhaw, NC 28173 USA
T 1 704 843 1219
F 1 704 843 1219

DELIA MODEL & TALENT MANAGEMENT INC.
1519 N 23rd Street, Suite 203,
Wilmington, NC 28405 USA
Contact: Delia Harper
T 1 910 343 1753
T 1 910 343 0690
F 1 910 343 9473
E DMMMDLS@aol.com
E DMTALENT@aol.com

Maultsby Talent • The Talent Source Training Center
112 N Cardinal Drive, Cardinal Place, Suite 106,
Wilmington, NC 28405 USA
T 1 910 313 0922
F 1 910 313 0922

Capri & Assocs
895 Peters Creek Parkway, Suite 204,
Winston-Salem, NC 27103 USA
T 1 336 725 4102
F 1 336 773 1168

SCM PROMOTIONAL STAFFING
3475 Myer Lee Drive NE,
Winston-Salem, NC 27101 USA
Specializing in Promotional Models Nationwide.
T 1 336 777 0007
E SCMPromoAL@cs.com
***Please See Our Ad Under Alabama Section.**

Vision Quest Models
5020 Hutchins Street,
Winston-Salem, NC 27106 USA
T 1 336 924 5076
F 1 336 922 0649

MODEL & TALENT AGENCIES, NORTH DAKOTA

The Academie Agency
119 Broadway,
Fargo, ND 58102 USA
T 1 701 235 8132
F 1 701 235 0027

MODEL & TALENT AGENCIES, OHIO

Barbizon
3296 W Market Street,
Akron, OH 44333 USA
T 1 330 867 4110

Pro Model Management
3296 W Market,
Akron, OH 44333 USA
T 1 330 867 4125
F 1 330 867 0214

Ashley Talent Agency
10948 Reading Road, Suite 310,
Cincinnati, OH 45241 USA
T 1 513 554 4836
F 1 513 554 4838

Cam Talent
1150 W 8th Street, Suite 262,
Cincinnati, OH 45203 USA
T 1 513 482 3895

Cincinnati Model Agency
6047 Montgomery Road,
Cincinnati, OH 45213 USA
T 1 513 351 2700

New View Management Group
10680 McSwain Drive,
Cincinnati, OH 45241 USA
T 1 513 733 4444
F 1 513 733 0054

CLEVELAND

Barbizon
6450 Rockside Woods,
Cleveland, OH 44131 USA
T 1 216 642 5445
F 1 216 642 5449

D'AVILA MODEL & TALENT MANAGEMENT
PATE TALENT ENTERPRISES INC.
5840 Ridge Road,
Cleveland, OH 44129 USA
Contact: Barbara D'Avila
T 1 440 843 7200
F 1 440 843 8084

Ford Cleveland
1300 E 9th Street, Suite 1640,
Cleveland, OH 44114 USA
T 1 216 522 1300
F 1 216 522 0520

IMI TALENT MANAGEMENT
9700 Rockside Rd, Suite 410,
Cleveland, OH 44125
Contact: Dominick Palazzo
SAG/AFTRA Francised
T 1 216 901 9710
T 1 216 901 9710
E imitalent@aol.com
***See Ad This Section**

Mélange
3130 Mayfield Road, Suite E-308,
Cleveland Heights, OH 44118 USA
T 1 216 371 9710
F 1 216 371 2290

STONE MODEL & TALENT AGENCY
6450 Rockside Woods, LL 2,
Cleveland, OH 44131 USA
Contact: Harold Hafner / Miguel DeJesus
T 1 216 642 5450
F 1 216 642 5449
E stonemodels@eastontel.com

TAXI MODEL MANAGEMENT
1300 West 78th,
Cleveland, OH 44102 USA
Contact: Chari
T 1 216 281 8294
T 1 800 831 8294
T 1 216 281 7231 TV
F 1 216 281 7243
AFTRA/SAG Franchised
***See Ad This Section.**

WSG Management
14055 Cedar Road, Suite 309
Cleveland, OH 44118 USA
T 1 800 794 2344
T 1 877 495 1481

COLUMBUS

Cam Talent
1350 W 5th Avenue, Suite 25,
Columbus, OH 43212 USA
T 1 614 488 1122
F 1 614 488 3895

Go Int'l Model Management Inc
2151 E Dublin Granville Road, Suite 216,
Columbus, OH 43229 USA
T 1 614 882 9010
F 1 614 882 9579

Jeanette Grider School
1453 E Main Street,
Columbus, OH 43205 USA
T 1 614 258 6787

Jo Goenner Talent
4700 Reed Road, Suite E,
Columbus, OH 43220 USA
T 1 614 459 3582
F 1 614 459 3584

John Casablancas
6322 Busch Boulevard,
Columbus, OH 43229 USA
T 1 614 847 0010
F 1 614 847 0057

Noni Modeling Agency
172 E State Street, Suite 502,
Columbus, OH 43215 USA
T 1 614 224 7217
F 1 614 224 7218

S2 MANAGEMENT GROUP
844 N High St, Columbus, OH 43215
Contact: Stephanie Stein
T 1 614 294 0100
T 1 614 520 2579
F 1 614 294 8281
E S2mgmtgrp@aol.com

Z Models
985 Mediterranean Avenue,
Columbus, OH 43229 USA
T 1 614 436 9006
F 1 614 436 9016

OHIO CONTINUED

Do It Right
1745 Windsor Street,
Cuyahoga Falls, OH 44221 USA
T 1 330 920 0988
F 1 330 920 3791

Jo Goenner Talent
10019 Paragon Road,
Dayton, OH 45458-3911 USA
T 1 937 885 2595
F 1 937 885 5010

Sharkey Agency
1299-H Lyons Road,
Dayton, OH 45458 USA
T 1 937 434 4461
F 1 937 435 0991

Sherry Lee Finishing School
7745 Cricket Circle NW,
Massillion, OH 44646 USA
T 1 330 833 2973

Protocol Models & Talent Agency
337 Vienna Avenue,
Niles, OH 44446 USA
T 1 330 369 8853

Tommy's New Attitude
3713 Lee Road,
Shaker Heights, OH 44120 USA
T 1 216 751 2006
F 1 216 751 2029

John Casablancas
5405 Southwyck Boulevard, Suite 200,
Toledo, OH 43614 USA
T 1 419 866 6335

Margaret O'Brien Modeling School
330 S Reynolds Road, Suite 12,
Toledo, OH 43615 USA
T 1 419 536 5522
F 1 419 536 5950

Traque Int'l Model Management
2466 Scottwood,
Toledo, OH 43620 USA
T 1 419 244 7363
F 1 419 244 5202

The Right Direction Inc
5701 N High Street, Suite 110,
Worthington, OH 43085 USA
T 1 614 848 3357
F 1 614 848 8748

MODEL & TALENT AGENCIES, OKLAHOMA

MTM Agency / John Casablancas
107 B.J. Tunnel Boulevard,
Miami, OK 74354 USA
T 1 501 444 7972
F 1 501 587 8555

Park Avenue Modeling
515 N Canadian Terrace,
Mustang, OK 73064-6131 USA
T 1 405 745 9600

HARRISON/GERS MODEL & TALENT
1707 West Wilshire Blvd,
Oklahoma City, OK 73116 USA
2624 West Britton Road,
Oklahoma City, OK 73120 USA
Contact: Pattye O. Gers
T 1 405 840 4515
T 1 405 840 1546
F 1 405 840 1545

John Casablancas/MTM
5009 N Pennsylvannia Avenue, Suite 200,
Oklahoma City, OK 73112 USA
T 1 405 842 0000
F 1 405 842 0069

LANGLEY-GRACE MODEL & TALENT AGENCY
912 W Britton Road,
Oklahoma City, OK 73114 USA
Contact: Stephen Horton
T 1 405 848 1030
F 1 405 848 8148
W www.langleyagency.com
E langleyagency@yahoo.com

Kirby Casting & Studios
8136 A S Harvard Avenue,
Tulsa, OK 74137 USA
T 1 918 491 3410

Langley Grace Agency
5800 S Lewis, Suite 171,
Tulsa, OK 74105 USA
T 1 918 749 5533
F 1 918 749 5557

LINDA LAYMAN AGENCY, LTD.
3546 East 51st Street,
Tulsa, OK 74135-3518 USA
Contact: Linda Layman, Don Hull
T 1 918 744 0888
F 1 918 744 1802
E laymanagcy@aol.com

Sherack Studio
1727 S Cheyenne Avenue,
Tulsa, OK 74119 USA
T 1 918 583 2031

MODEL & TALENT AGENCIES, OREGON

John Casablancas
9400 SW Beaverton Hillsdale Highway, Suite 130,
Beaverton, OR 97005 USA
T 1 503 297 7730

ABC Kids & Teens
1144 Willagillespie Road,
Eugene, OR 97401 USA
T 1 541 485 6960
F 1 541 485 1994

Talent Management Assocs
1574 Coburg Road, Suite 143,
Eugene, OR 97401 USA
T 1 541 345 1525
F 1 541 726 6591

Unlimited Models & Talent Agency
372 W 12th, Suite 1,
Eugene, OR 97401 USA
T 1 541 683 9323
F 1 541 684 9125

ABC MODELS-N-TALENT MANAGEMENT
3829 NE Tillamook,
Portland, OR 97212 USA
Contact: Carol Lukens
T 1 503 249 2945
F 1 503 249 7429
E abcknt@teleport.com

BROWN SUGAR & SPICE TALENT MANAGEMENT
1300 SW 5th Avenue, 18th Floor,
Portland, OR 97208-5216
Contact: Charlene Mashia
T 1 503 735 0340
F 1 503 735 0469
W www.brownsugar-and-spice.com
E chmashia@brownsugar-and-spice.com

CUSICKS' TALENT AGENCY
1009 N.W. Hoyt, Suite 100,
Portland, OR 97209 USA
Contact: Justin Habel
Fashion print and runway, commercial print & on-camera
T 1 503 274 8555
F 1 503 274 4615
W www.q6talent.com
E justin@q6talent.com

MODE MODELS
319 SW Washington, Suite 719,
Portland, OR 97204 USA
Contact: Darren and Tiffany Dyck, Kelly Streit
T 1 503 227 6633
F 1 503 243 5327

RYAN ARTISTS, INC.
239 NW 13th, Suite 215,
Portland, OR 97209 USA
Contact: LeAnne Manlove
Contact: Kit Just
T 1 503 274 1005
F 1 503 274 0907
W www.ryanartists.com
E LeAnne@RyanArtists.com
E Kit@RyanArtists.com

CINDERELLA MODELS AGENCY
317 Court NE, Suite 200,
Salem, OR 97301 USA
Contact: Sue Ferguson, Owner
T 1 503 581 1073
F 1 503 581 2260
W www.cinderellamodels.com

MODEL & TALENT AGENCIES, PENNSYLVANIA

PRO•MODEL MANAGEMENT
1244 Hamilton Street, 2nd Floor,
Allentown, PA 18102 USA
Contact: Laurie Bickford
T 1 610 820 5359
F 1 610 434 0900
W www.promodelagency.com
E promodel@fast.net

Barbizon
22 Greenfield Avenue,
Ardmore, PA 19003 USA
T 1 610 649 9700
F 1 610 645 9621

John Casablancas
1730 Walton Road,
Blue Bell, PA 19422 USA
T 1 610 834 8877
F 1 610 834 9526

Slickis Models
1777 Walton Road, Suite 204,
Blue Bell, PA 19422 USA
T 1 215 540 0440
F 1 215 957 6285

Marilyn E Kane Model Mgmt & School
1022 N Main Street,
Butler, PA 16001 USA
T 1 724 287 0576

Barbizon
1033 Maclay St/P.O. Box 5445,
Harrisburg, PA 17110 USA
T 1 717 234 3277
F 1 717 234 4369

Fashion Mystique Modeling Agency
611 N Mountain Road,
Harrisburg, PA 17112 USA
T 1 717 561 2099
F 1 717 909 9987

MILLENNIUM MODEL MANAGEMENT
700 American Avenue, Suite 200B,
King of Prussia, PA 19406 USA
T 1 610 337 8450
F 1 610 337 8470

Plaza 7 Model & Talent Reps
160 North Gulph Road
King of Prussia, PA 19406 USA
T 1 610 337 2693
F 1 610 337 4762

Bowman Agency
P.O. Box 4071,
Lancaster, PA 17604 USA
T 1 717 898 7716
F 1 717 898 6084

John Casablancas
920 Town Ctr Drive, Suite I-20,
Langhorne, PA 19047 USA
T 1 215 752 8600
F 1 215 752 8946

MMA - MODEL MGMT AGENCY, INC.
106 South Bellevue Avenue,
Langhorne, PA 19047 USA
Contact: Ellen Wasser-Hrin
T 1 215 752 8603
F 1 215 752 8604
FULL SERVICE AGENCY SERVING TRI-STATE AREA
Places models international; Also available for national bookings.

Greer Lange Assocs
40 Lloyd Avenue, Suite 104,
Malvern, PA 19355 USA
T 1 610 647 5515
F 1 610 889 3097

MILLENIA MODEL & TALENT MANAGEMENT
4902 Carlisle Pike, Suite 228,
Mechanicsburg, PA 17055 USA
Contact: Kelli Harman
T 1 717 730 4075
F 1 717 730 4073

MAIN LINE MODELS
1215 West Baltimore Pike, Suite 9,
Media, PA 19063 USA
Contact: Laraine Colden
T 1 610 565 5445
F 1 610 891 9140
E mmodels@aol.com

Holliday Modeling Agency
3764 Sunrise Lake,
Milford, PA 18337 USA
T 1 717 686 2717
F 1 717 686 2717

PHILADELPHIA

Askins Models
55 North 3rd Street,
Philadelphia, PA 19106 USA
T 1 215 925 7795
F 1 215 925 6161

Expressions Agency
110 Church Street,
Philadelphia, PA 19106 USA
T 1 215 923 4420
F 1 215 440 7179

JOHN ROBERT POWERS
1528 Spruce Street,
Philadelphia, PA 19102 USA
Contact: Garry Ross
T 1 215 732 4060
F 1 215 732 6212
W www.johnrobertpowers.net
***See Ad On Inside Front Cover Gatefold.**

KA-BOOM MODELS

Two Penn Center Plaza,
1500 JFK Boulevard, Suite 200,
Philadelphia, PA 19102 USA
Contact: Jason Crook, Director
T 1 215 854 6307
F 1 215 569 0216
W www.ka-boommodels.com
E JCrook4bus@aol.com

ON TRACK MODELING

4190 City Avenue, Suite 528,
Philadelphia, PA 19131
T 1 215 877 4500
F 1 215 877 6457
***See Ad This Section**

REINHARD MODEL & TALENT AGENCY

2021 Arch Street, Suite 400,
Philadelphia, PA 19103 USA
Contact: Virginia B. Doyle
T 1 215 567 2000
F 1 215 567 6322
W www.reinhardagency.com

PITTSBURGH

Barbizon

9 Parkway Center, Suite 160,
Pittsburgh, PA 15220 USA
T 1 412 937 0700
F 1 412 937 0704

DOCHERTY MODEL & TALENT

109 Market Street,
Pittsburgh, PA 15222 USA
President: Debra Docherty
T 1 412 765 1400
F 1 412 765 0403
E docherty@sgi.net
PRINT • FILM • TELEVISION
RADIO • RUNWAY • PROMOTION

Jonell

5000 McKnight Road, Suite 208,
Pittsburgh, PA 15237 USA
T 1 412 367 2548

Model Management Modeling Agency

2020 Ardmore Boulevard, Parkway Center E, Bldg 3,
Pittsburgh, PA 15221 USA
T 1 412 351 1596

Prestige Modeling

10028 Frankstown Road,
Pittsburgh, PA 15235 USA
T 1 412 731 4810

THE TALENT GROUP, INC.

2820 Smallman Street,
Pittsburgh, PA 15222 USA
Contact: Richard Kohn
Print • TV • Film • Promotional
Runway • Trade Shows
T 1 412 471 8011
F 1 412 471 0875
E talent@usaor.net
***See Ad This Section.**

VAN ENTERPRISES AGENCY

908 Perry Highway, Suite 1,

Pittsburgh, PA 15229 USA

Contact: Laurie Ann Vangenewitt

Representing Children, Teens, Adults & Senior Citizens

T 1 412 364 0411

PENNSYLVANIA CONTINUED

DONATELLI MODELING & CASTING AGENCY

156 Madison Avenue, Hyde Park,

Reading, PA 19605-2962 USA

Contact: Tony Donatelli, Owner/Director

T 1 610 921 0777

F 1 610 921 7177

W www.donatellimodels.com

E donatelli@itw.com

Mary Leister Charm & Finishing School

539 Court Street,

Reading, PA 19601 USA

T 1 610 373 6150

Click Models

216 Green Tree Street,

West Chester, PA 19382 USA

T 1 610 399 0700

VISION MODEL & TALENT

14999 Colver Road,

West Springfield, PA 16443

Contact: Laura Morris

T 1 814 833 7346

F 1 814 922 7740

E VModelMgmt@aol.com

MODEL & TALENT AGENCIES, PUERTO RICO

Cutie Escuela Y Agencia De Modelos

Marginal D-3 Vista Azul,

Arecibo, PR 00612 USA

T 1 787 878 3885

F 1 787 878 3885

Lianabel

Calle Marginal #272, Edf Tropical,

Hatillo, PR 00659 USA

T 1 787 820 5354

F 1 787 820 7027

Imperio Models

Emilio Castro #13,

Lares, PR 00669 USA

T 1 787 897 1680

Desiree Lowry

P.O. Box 11850,

San Juan, PR 00922-1850 USA

T 1 787 792 1040

F 1 787 774 0170

D'Rose Int'l

1261 Ponce de Leon Avenue,

San Juan, PR 00907 USA

T 1 787 722 5580

F 1 787 724 1735

Visage Int'l Models
P.O. Box 30675,
San Juan, PR 00929-1675 USA
T 1 787 752 1758

Unica
Calle Cabrera 116,
Rio Piedras, PR 00925 USA
T 1 787 756 7834
F 1 787 250 6463

MODEL & TALENT AGENCIES, RHODE ISLAND

MODEL CLUB, INC.
355 S Water Street,
Providence, RI 02903 USA
T 1 401 273 7120
F 1 401 273 1642
W www.modelclubinc.com
Call for Agency Book
Will Overnight Express Immediately

Rhode Island Casting Services
P.O. Box A,
Rumford, RI 02916 USA
T 1 401 941 5500
F 1 508 336 0826

Character Kids Model Management
1645 Warwick Avenue, Suite 225,
Warwick, RI 02889 USA
T 1 401 739 3334
F 1 401 732 8188

John Casablancas
1 Lambert Lind Highway,
Warwick, RI 02888 USA
T 1 401 463 5866
F 1 401 463 8504

Nine Management
1645 Warwick Avenue, Suite 225,
Warwick, RI 02889 USA
T 1 401 732 8487
F 1 401 732 8406

MODEL & TALENT AGENCIES, SOUTH CAROLINA

MILLIE LEWIS MODELS & TALENT
1904 Savannah Highway,
Charleston, SC 29407 USA
Contact: Suzanne Manseau, Agency Director
Contact: Cindy Grosso, School Director
T 1 843 571 7781
F 1 843 763 0365

CAROLINA WINDS PRODUCTIONS
141 Gadsden Street,
Chester, SC 29706 USA
Contact: Donna Ehrlich
T 1 803 581 2278
F 1 803 581 2557

Millie Lewis
MODEL / TALENT
AGENCY
Greenville, South Carolina
864-299-1101 fax 864-299-1119
millielewis@acsinc.net

Collins Models & Talent Inc
P.O. Box 234,
Columbia, SC 29202 USA
T 1 803 216 0550
F 1 803 932 9285

Fortress Model Management
P.O. Box 2592,
W Columbia, SC 29171 USA
T 1 803 798 8060
F 1 803 957 3028

Millie Lewis of Columbia Inc
3612 Landmark Drive, Suite D,
Columbia, SC 29204 USA
T 1 803 782 7338
F 1 803 790 0444

RUSSELL ADAIR
FASHION STUDIO PHOTOGRAPHY

RUSSELL ADAIR FASHION STUDIO
1418 D Avenue,
West Columbia, SC 29169 USA
Contact: Russell Adair
Photography, Stylist, M/U, Wardrobe
T 1 803 794 7233

MILLIE LEWIS MODEL & TALENT AGENCY
1228 S Pleasantburg Drive,
Greenville, SC 29605 USA
Contact: Barbara & George Corell
T 1 864 299 1101
F 1 864 299 1119
E gcorell@acsinc.net
***See Ad This Section.**

Nouveau Productions
701 Edgefield Road,
N Augusta, SC 29841 USA
T 1 803 441 0106
F 1 803 442 9507

ASA Int'l Model & Talent Management
P.O. Box 1765,
N Myrtle Beach, SC 29598 USA
T 1 843 361 2374
F 1 843 361 2374

SHOWCASE MODELS & TALENT
1200 33rd Avenue S,
North Myrtle Beach, SC 29582 USA
Director: Marsha McCollum
T 1 843 272 8009
F 1 843 361 0253
W www.showcasetalent.com
E marsha@showcasetalent.com

BETTY LANE MODELS SCHOOL & AGENCY
951 Doyle Street,
Orangeburg, SC 29115 USA
Contact: Betty Lane Gramling, Owner/Director
T 1 803 534 9672
F 1 803 535 3000
***See Ad This Section.**

MODEL & TALENT AGENCIES, SOUTH DAKOTA

Haute Models
1002 W 6th Street,
Sioux Falls, SD 57104 USA
T 1 605 334 6110

Professional Image By Rosemary
2815 East 26th Street,
Sioux Falls, SD 57103 USA
T 1 605 334 0619
F 1 605 334 1407

MODEL & TALENT AGENCIES, TENNESSEE

The Hurd Agency
500 Eversholt Court,
Antioch, TN 37013 USA
T 1 615 399 9901
F 1 615 365 0246

THE FINESSE MODELING AGENCY & TALENT MGMT
112 Briscoe Circle,
Bristol, TN 37625 USA
Mailing: P.O. Box 4045,
Bristol, TN 37625 USA
Contact: Jade Dixon
T 1 423 878 1484
T 1 423 878 5101
F 1 423 878 9562
W www.thefinesseagency.com
E jadeinbris@aol.com

Ambiance Models & Talent
1096 Dayton Boulevard,
Chattanooga, TN 37415 USA
T 1 423 265 2121
F 1 423 265 2190

Upstage Modeling
146 Country Meadow Lane,
Crossville, TN 38555 USA
T 1 931 788 2463
F 1 931 484 2218

Career Model & Talent Management
P.O. Box 977,
Hendersonville, TN 37077 USA
T 1 615 824 1622
F 1 615 824 1611

MODEL WORLD
133-B Old Hickory Blvd, PMB 227,
Jackson, TN 38305 USA
Contact: Tiffany Powell
T 1 901 661 9551
F 1 901 661 9853
E powells@acninc.net

Brenda Wilson Modeling School & Management
2600 Fort Henry Drive,
Kingsport, TN 37664 USA
T 1 423 246 6838
F 1 423 246 6838

18 KARAT TALENT & MODELING AGENCY
6409 Deane Hill Drive,
Knoxville, TN 37919-6003 USA
Contact: Cindy Swicegood
T 1 805 558 0004
F 1 423 558 9823
W www.18karat.com
E cindy@www.18karat.com

Knoxville Model Agency
433 Kendall Road,
Knoxville, TN 37919 USA
T 1 423 693 6010
F 1 423 588 6922

Premier Models & Talent Agency
5201 Kingston Pike, Suite 6-320,
Knoxville, TN 37919 USA
T 1 423 694 7073
F 1 423 588 8083

TALENT TREK • KNOXVILLE
406 11th Street,
Knoxville, TN 37916 USA
Contact: Charlotte Dennison
T 1 423 977 8735
F 1 423 977 9200
W www.talentrek.com
E talentrek@aol.com

COLORS AGENCY INC.
408 South Front Street, Suite 108,
Memphis, TN 38103 USA
Contact: Annette A. Outlan / Jo Bracey
T 1 901 523 9900
F 1 901 523 2050
W www.colorsagency.com
E info@colorsagency.com

THE DONNA GROFF AGENCY, INC.
P.O. Box 382517,
Memphis, TN 38183-2517 USA
Contact: Donna Groff
T 1 901 854 5561
F 1 901 854 5561

John Casablancas
5028 Park Avenue,
Memphis, TN 38117 USA
T 1 901 685 0066
F 1 901 685 0077

OUR AGENCY
876 University Street,
Memphis, TN 38107 USA
Contact: Autumn Cartmill
T 1 901 278 0328
F 1 901 278 0328
W www.ouragencyofmemphis.com
E ouragency@aol.com

ROBBINS MODELS & TALENT
176 Walnut Bend Road S,
Memphis, TN 38018 USA
Contact: Teri Robbins
T 1 901 753 8360
F 1 901 754 0902
W www.robbinsmodels.com

ADVANTAGE MODEL & TALENT
4825 Trousdale Drive,
Nashville, TN 37220 USA
Contact: Nise Davies
T 1 615 833 3005
F 1 615 331 8267

AMAX-Amer'n Models, Actors, Extras
4121 Hillsboro Road, Hillsboro Corner, Suite 300,
Nashville, TN 37215 USA
T 1 615 292 0246
F 1 615 292 2054

Billy Deaton Talent
1300 Divison Street, Suite 102,
Nashville, TN 37203 USA
T 1 615 244 4259
F 1 615 242 1177

Capitol Management & Talent Group
1300 Division Street, Suite 200,
Nashville, TN 37203 USA
T 1 615 244 2440
F 1 615 242 1177

COLEMAN MODEL & TALENT AGENCY
729 Thompson Lane, Suite 200,
Nashville, TN 37204 USA
Contact: Crystal Coleman / Cindy Lovell
T 1 615 385 5797
F 1 615 269 3386

HARPER/SPEER AGENCY
P.O. Box 158779,
Nashville, TN 37215 USA
Contact: Suzan K. Speer
T 1 615 383 1455
F 1 615 383 5464
E HARPSPEER@aol.com

Jo-Susan Model & Talent
2817 W End Avenue,
Nashville, TN 37203 USA
T 1 615 327 8726
F 1 615 356 9483

Lynda Alexander & Assoc
315 Arbor Creek Boulevard,
Nashville, TN 37217 USA
T 1 615 367 9398
F 1 615 367 9398

MODELS XS
4601 Franklin Road, Suite One,
Nashville, TN 37220 USA
Convention Recruiters
T 1 615 831 3116
F 1 615 831 0195
E modelsxs@aol.com

TALENT TREK • NASHVILLE
2021 21st Ave South, Suite 102,
Nashville, TN 37212 USA
Contact: Sharon Smith
T 1 615 279 0010
F 1 615 279 0013
W www.talentrek.com
E ttanash@aol.com

TML Talent Agency
P.O. Box 40763,
Nashville, TN 37204 USA
T 1 615 321 5596
F 1 615 321 5497

William Morris Agency
2100 W End Avenue, Suite 1000,
Nashville, TN 37203 USA
T 1 615 963 3000
F 1 615 963 3090

MODEL & TALENT AGENCIES, TEXAS

Tomas Agency
14275 Midway Road, Suite 220,
Addison, TX 75001 USA
T 1 972 687 9181
F 1 972 687 9182

Anderson Talent
2722 W 6th Street,
Amarillo, TX 79106 USA
T 1 806 374 1159
F 1 806 374 2420

DIANE DICK INTERNATIONAL MODELING & TALENT AGENCY

1410 S Washington Street,
Amarillo, TX 79102 USA
Contact: Diane Dick
T 1 806 376 8736
F 1 806 376 8841
E Ddleg@aol.com

MODELS WEST MODEL & TALENT AGENCY

3405 South Western, Suite 201,
Amarillo, TX 79109 USA
Contact: Carol Henderson
T 1 806 352 1943
F 1 806 355 6154
W www.ModelsWest.com
E modelswest@aol.com

ACCLAIM PARTNERS • SAG/AFTRA

4107 Medical Parkway, Suite 210,
Austin, TX 78756 USA
Contact: Ted Bose & Denise Adams
T 1 512 323 5566
F 1 512 323 5553

DB Talent

3107 Slaughter Lane W, Suite A,
Austin, TX 78748-5705 USA
T 1 512 292 1030
F 1 512 292 1032

K Hall Agency

700 Rio Grande,
Austin, TX 78701 USA
T 1 512 476 7523
F 1 512 476 7544

Tomi Barrett Casting

8715 N Chisholm,
Austin, TX 78748 USA
T 1 512 282 4437
F 1 512 282 4437

INFINITY MODEL & TALENT

4838 Holly Rd, Suite 206,
Corpus Christi, TX 78411
Contact: Elaine Motl, Owner
T 1 361 985 6191
F 1 361 985 1559
E EMMktg@aol.com

REFLECTIONS FASHION & TALENT AGENCY INC.

110 Alta Plaza,
Corpus Christi, TX 78411 USA
Contact: Doreen Crow, Owner/Director
T 1 361 854 9277
F 1 361 857 5447
E dcrow@caller.infi.net

Barbizon School

12700 Hillcrest Road, Suite 142,
Dallas, TX 75230-2009 USA
T 1 972 980 7477
F 1 972 934 0941

THE CAMPBELL AGENCY

3906 Lemmon Avenue, Suite 200,
Dallas, TX 75219 USA
Contact: Nancy Campbell
T 1 214 522 8991
F 1 214 522 8997

CLIPSE MANAGEMENT INC

One Mockingbird Plaza
1420 W Mockingbird Lane, Suite 280,
Dallas, TX 75247 USA
T 1 214 634 4950
F 1 214 634 4955
E clipse@airmail.net

CREW MODEL & TALENT

3100 Carlisle, Suite 226,
Dallas, TX 75204 USA
Contact: Jeff Bolen, New Faces/Owner
Contact: Rhiannon Robinson, Booker/Owner
T 1 214 220 3252
F 1 214 220 2778

DALLAS MODEL GROUP
12700 Hillcrest Road, Suite 147,
Dallas, TX 75230 USA
Contact: SM Stephan
T 1 972 980 7647
F 1 972 934 0941

GANSON MODEL MANAGEMENT
6003 Maple Avenue, Suite 109,
Dallas, TX 75235 USA
Contact: Eric L. Ganison
T 1 214 366 2412
F 1 214 366 0376
W www.gansonmodelmanagement.com
E milan@airmail.net

Jam Model & Talent Development
11551 Forest Central Drive, Suite 222,
Dallas, TX 75243-3915 USA
T 1 214 221 4683

JOHN ROBERT POWERS
13601 Preston Road, Suite C14, Carillon Plaza,
Dallas, TX 75240 USA
Contact: Teresa Scordo
T 1 972 239 9551
F 1 972 991 7147
W johnrobertpowers.com
***See Ad On Inside Front Cover Gatefold.**

KD Studios
2600 Stemmons Frwy, Suite 117,
Dallas, TX 75207 USA
T 1 214 638 0484
F 1 214 630 5140

KIM DAWSON AGENCY, INC.
2300 Stemmons Freeway
Dallas, TX 75258 USA
Mailing Address:
P.O. Box 585060, Dallas, TX 75258 USA
T 1 214 638 2414
F 1 214 638 7567
TX LIC.#115
***See Ad This Section.**

KIM
DAWSON
AGENCY

KIM DAWSON AGENCY, INC.-TALENT DIVISION
2710 N. Stemmons Freeway, Suite 700,
Dallas, TX 75207 USA
TX LIC.#216
T 1 214 630 5161
F 1 214 630 8259
***See Ad This Section.**

Marquee Talent Inc
5911 Maple Avenue, P.O. Box 35269,
Dallas, TX 75235 USA
T 1 214 357 0355
F 1 214 357 0442

Mary Collins Agency
2909 Cole Avenue, Suite 250,
Dallas, TX 75204 USA
T 1 214 871 8900
F 1 214 871 8945

NOW MANAGEMENT
13101 Preston Road, Suite 300,
Dallas, TX 75240 USA
Contact: Johnny Bechard
T 1 972 387 3380
F 1 972 387 3897

PAGE PARKES MODELS REP
3303 Lee Parkway,
Dallas, TX 75219 USA
Contact: Nancy Halford
T 1 214 526 4434
F 1 214 526 6034
W www.pageparkes.com
E dallasmodels@pageparkes.com
LIC. # 242

Peggy Taylor Talent Inc
1825 Market Center Boulevard, Suite 320,
Dallas, TX 75207 USA
T 1 214 651 7884
F 1 214 651 7329

Rody Kent & Assocs
P.O. Box 140857,
Dallas, TX 75214 USA
T 1 214 827 3418
F 1 214 827 2429

STARS OVER TEXAS
2931 Irving Blvd, Suite 100,
Dallas, TX 75247 USA
Contact: Bill Ware
T 1 214 638 6200
F 1 214 638 6273
W www.williamwareagency.com
E bill@williamwareagency.com

THE WILLIAM WARE AGENCY
2931 Irving Blvd, Suite 100,
Dallas, TX 75247 USA
Contact: Bill Ware
T 1 214 638 6200
F 1 214 638 6273
W www.williamwareagency.com
E bill@williamwareagency.com

TEXAS CONTINUED

Mannequin Manor Modeling & Fashion School
9611 Acer,
El Paso, TX 79925 USA
T 1 915 593 7328
F 1 915 595 2507

The Talent House
812 North Virginia, Suite 200,
El Paso, TX 79902 USA
T 1 915 533 1945
F 1 915 533 1953

JOHN ROBERT POWERS
6320 Camp Bowie,
Fort Worth, TX 16102 USA
Contact: Jan Acola
T 1 817 738 2021
F 1 817 738 2029
W www.johnrobertpowers.net
***See Ad On Inside Front Cover Gatefold.**

Take One Entertainment
P.O. Box 820908,
Ft Worth, TX 76182 USA
T 1 817 285 7663
F 1 817 285 7663

Premier Talent
2306 Oak Lane, Suite 101,
Grand Prairie, TX 75051 USA
T 1 972 237 1919
F 1 972 237 1616

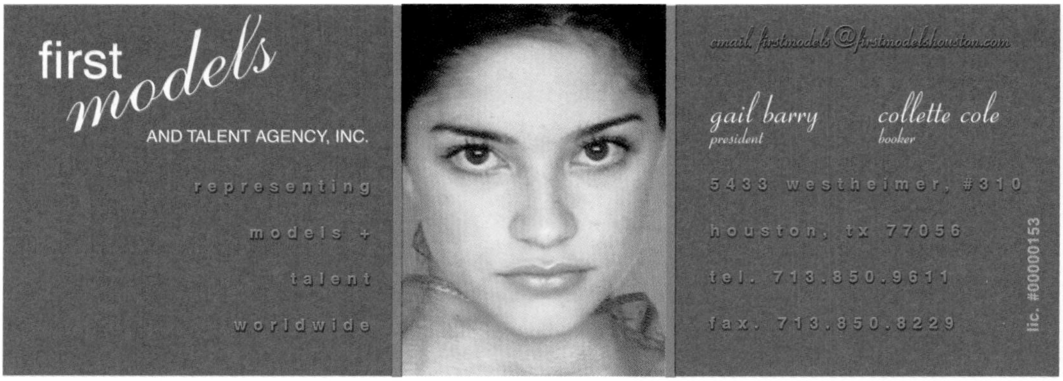
first models
AND TALENT AGENCY, INC.
representing
models +
talent
worldwide
email. firstmodels@firstmodelshouston.com
gail barry
president
collette cole
booker
5433 westheimer, #310
houston, tx 77056
tel. 713.850.9611
fax. 713.850.8229
lic. #00000153

HOUSTON

ACTORS ETC INC
2620 Fountainview, Suite 210,
Houston, TX 77057
Contact: Denise Coburn
T 1 713 785 4495
F 1 713 785 2641
W www.actoretc.com
E actoretc@insync.net

BARBIZON • HOUSTON
5433 Westheimer Avenue, Suite 300,
Houston, TX 77056 USA
Contact: Gail Barry, President
T 1 713 850 9611
F 1 713 850 8229
W www.barbizonhouston.com
TA Lic #: 00000153

Chris Wilson's Studio for Actors
2506 South Boulevard,
Houston, TX 77098 USA
T 1 713 520 1991
F 1 713 520 1993

FIRST MODELS & TALENT AGENCY
5433 Westheimer Avenue, Suite 310,
Houston, TX 77056 USA
Contact: Gail Barry, President
T 1 713 850 9611
F 1 713 850 8229
TA Lic #: 00000153
***See Ad This Section.**

Gary Chason Casting
707 Walnut Street, Suite 211,
Houston, TX 77002 USA
T 1 713 227 8293

INTERMEDIA MODEL & TALENT AGENCY
2727 Kirby Drive, PH,
Houston, TX 77098 USA
Contact: Page Parkes
T 1 713 807 8222
F 1 713 807 0055
W www.pageparkes.com
E houstonmodels@pageparkes.com
LIC. # 117

MAYO HILL SCHOOL OF MODELING
7887 San Felipe, Suite 227,
Houston, TX 77063 USA
T 1 713 789 7340
F 1 713 789 6163
W www.mayohill.com
E modernimages@msn.com
TA Lic: 00000304
***See Ad This Section.**

NEAL HAMIL AGENCY
7887 San Felipe, Suite 227,
Houston, TX 77063 USA
Contact: BJ Shell or Jeff Shell
Print & Fashion Bookings, Broadcast Talents
T 1 713 789 1335
F 1 713 789 6163
E modernimages@msn.com
TA Lic: 00000304
***See Ad This Section.**

EVERYBODY WANTS IN!
NEAL HAMIL AGENCY
7887 San Felipe, Ste. 227
Houston, TX 77063
713.789.1335
fax 713.789.6163
email:modernimages@msn.com

PAGE PARKES CENTER OF MODELING & ACTING
2727 Kirby Drive, 8th Floor,
Houston, TX 77098 USA
Contact: Lisa Lyngos
T 1 713 807 8200
F 1 713 807 0022
W www.pageparkes.com
E modelcenter@pageparkes.com

Pastorini-Bosby Talent Agency
3013 Fountainview Drive, Suite 240,
Houston, TX 77057-6120 USA
T 1 713 266 4488
F 1 713 266 3314

Sherry Young/Mad Hatter Model/Talent Agency
2620 Fountainview, Suite 212,
Houston, TX 77057 USA
T 1 713 266 5800
F 1 713 266 2044

Talents Int'l
9449 Briar Forest, Suite 3105,
Houston, TX 77063 USA
T 1 713 780 4477

TEXAS CONTINUED

Robert Spence Modeling Agency
4418-74th Street, Suite 53,
Lubbock, TX 79424 USA
T 1 806 797 8134
F 1 806 797 6850

P.S. IMAGES
1105 Pueblo Drive,
Midland, TX 79705 USA
Contact: Phyllis Gonzales
T 1 915 683 0844
F 1 915 683 0870
E psimages@aol.com

Avant Models & Casting Inc
85 NE Loop 410, Suite 218A,
San Antonio, TX 78216 USA
T 1 210 308 8411
F 1 210 308 8412

CALLIOPE TALENT & MODELING AGENCY, LLC
1802 NE Loop 410, Suite 107,
San Antonio, TX 78217 USA
Contact: Kristy Martin, Owner/Director
T 1 210 804 1055
F 1 210 804 2008
W www.calliopetalent.com
E CalliopeSA@aol.com
TX LIC. 275

Condra /Artista Model & Talent Agency
13300 Old Blanco Road, Suite 201,
San Antonio, TX 78216 USA
T 1 210 492 9947
F 1 210 492 9921

GMA - THE G. MORRIS MODEL & TALENT AGENCY
4019 Stahl Road, Suite 218,
San Antonio, TX 78217 USA
Contact: Gina Morris/Shannan Smith
T 1 210 599 2565
F 1 210 872 2767
E GMAmodels@aol.com
TX LIC. #351
***See Ad This Section.**

Linda Woods Modeling Agency
2161 North West Military Highway, Suite 202,
San Antonio, TX 78213 USA
T 1 210 340 5423
F 1 210 340 8716

MODEL & TALENT AGENCIES, US VIRGIN ISLANDS

C9 International Models
P.O. Box 573,
St Croix, VI 00821 US Virgin Islands
T 1 340 778 1015
F 1 340 778 1015

Cyndee's Models in the Isle
P.O. Box 8600, Sunny Isle,
St Croix, VI 00823 USA
T 1 340 713 9148

MODEL & TALENT AGENCIES, UTAH

Barbizon
1363 S State, Suite 232,
Salt Lake City, UT 84115 USA
T 1 801 487 7591

MODEL AND FILM
MANAGEMENT
inc
(801)539-0800 salt lake city
(801)539-0844 fax
566 N.
300 W.
SLC, UT
84103
www.urbanmodelandfilm.com
tbullen@urbantalent.com
12-998
12-1998

EASTMAN MANAGEMENT, INC.

One East 500 N,
Salt Lake City, UT 84103 USA
Contact: Stacey Eastman, SAG Franchised
T 1 801 364 8434
F 1 801 322 2314
P 1 801 541 7576
W www.eastmanmodel-film.com
E info@eastmanmodel-film.com

MCCARTY AGENCY, INC

1326 South Foothill Blvd,
Salt Lake City, UT 84108 USA
Contact: Susie McCarty
T 1 801 581 9292
F 1 801 581 0921
W www.mccartyagency.com
E slcmccarty@worldnet.att.net

METCALF MODELING & TALENT AGENCY

Opening the First of 2000
International Placement & Development
Contact: Bonnie Metcalf
T 1 800 820 8777
E metcalfagt@aol.com

Premiere Models

230 W 200 S,
Salt Lake City, UT 84101 USA
T 1 801 355 4422

Studio Talent & Management

239 E 800 S,
Salt Lake City, UT 84111 USA
T 1 801 322 3648
F 1 801 322 5195

TALENT MANAGEMENT GROUP, INC
339 E 3900 South, Ste 202d,
Salt Lake City, UT 84107
Contact: Vickie Panek • Linda Bearman
TV • Film • Industrial • Print • Runway
Voiceover • Promotion • Makeup Artists
T 1 801 263 6940
F 1 801 263 6950
W www.talentmg.com

URBAN MODEL & FILM MANAGEMENT INC
566 North 300 West,
Salt Lake City, UT 84103 USA
Contact: Tina Bullen
Print • Runway • Live Promotion • Commercial • Film
T 1 801 539 0800
F 1 801 539 0844
W www.urbanmodelandfilm.com
E tbullen@urbantalent.com
***See Ad This Section.**

MODEL & TALENT AGENCIES, VERMONT

Debra Lewin Productions & Talent
269 Pearl Street, Suite 2,
Burlington, VT 05401 USA
T 1 802 865 2234
F 1 802 865 8327

MODEL & TALENT AGENCIES, VIRGINIA

ENCORE! MODEL AND TALENT AGENCY, INC.
826 Rivergate Place,
Alexandria, VA 22314 USA
Contact: Jeannie Kincer Reinke
T 1 703 548 0900
F 1 703 549 8278
Trade Shows/Promotions, Nationwide!
***See Ad Under the District of Columbia Section.**

John Casablancas
249 S Van Dorn, Suite 210,
Alexandria, VA 22304 USA
T 1 703 823 5200
F 1 703 751 2531

MTM-Model & Talent Management
249 S Van Dorn Street, Suite 210,
Alexandria, VA 22304 USA
T 1 703 823 5203
F 1 703 751 2531

Elan Models & Artist Management
1200 N Veitch Street, Suite 1,
Arlington, VA 22201 USA
T 1 703 276 8461
F 1 703 276 8466

MODEL X AGENCY
P.O. Box 6794,
Arlington, VA 22206 USA
Contact: Jennifer Bossard
T 1 703 314 4761
E mxagency@hotmail.com

On Call Models
946 Ferryman Quay,
Chesapeake, VA 23323 USA
T 1 757 485 1201
F 1 757 558 0556

MODEL SOURCE INC.
601 Caroline Street, Suite 204,
Fredericksburg, VA 22401 USA
E modlsource@aol.com
T 1 540 374 1935
F 1 540 374 1941

LA VISTA'S MODEL CONNECTION
3203 Echols Court,
Hampton, VA 23666 USA
Contact: Brenda La Bostrie Henderson
T 1 757 826 4664
E LaVistaIncLaB@juno.com

WWW.MODELOGIC.COM • 804.644.1000
MODELogiC, INC.
photo: Morgan model: Jordan
P.O. BOX 12143 • RICHMOND, VA 23241-0143
photo: Todd Wright model: Su

Ann L School of Modeling
117 N High Street,
Harrisonburg, VA 22802 USA
T 1 540 434 6664

Wright Modeling
12638-16 Jefferson Avenue,
Newport News, VA 23602 USA
T 1 757 886 5884
F 1 757 886 9128

MODELOGIC, INC. • NORFOLK
208 East Plume Street, Suite 335,
Norfolk, VA 23510 USA
Contact: Vania Long, Agent
T 1 757 627 6200
F 1 757 627 6265
W www.modelogic.com
E vania@modelogic.com
***See Ad This Section.**

Talent Connection Inc
P.O. Box 1971,
Norfolk, VA 23501 USA
T 1 757 624 1975
F 1 757 622 6506

Jane Models/Modelz Ink Int'l
1565 RockyfoRoad Rd,
Powhatan, VA 23139 USA
T 1 800 347 9442
F 1 804 598 2834

MODELOGIC, INC.
2501 E Broad Street,
Richmond, VA 23223 USA
Contact: Stacie Vanchieri, President
T 1 804 644 1000
F 1 804 644 0051
W www.modelogic.com
E stacie@modelogic.com
***See Ad This Section.**

STYLE INTERNATIONAL
2501 Monument Ave,
Richmond, VA 23223 USA
Contact: Heather Vail
T 1 804 354 0642
F 1 804 354 0643

Winning Image Models
8805 Millwood Drive,
Spotsylvania, VA 221553 USA
T 1 540 582 2890
F 1 540 720 4643

New Faces Models
8230 Leesburg Pike, Suite 520,
Vienna, VA 22182 USA
T 1 703 821 0786
F 1 703 821 1129

Evie Mansfield Modeling
505 S Independence Boulevard, Suite 205,
Virginia Beach, VA 23452 USA
T 1 757 490 5990
F 1 757 499 4742

Steinhart/Norton Agency
312 Arctic Crescent,
Virginia Beach, VA 23451-3415 USA
T 1 757 422 8535
F 1 757 422 8752

JUDY GIBSON AND ASSOCIATES/J.G. MODEL MGMT
116 Watermans Way,
Yorktown, VA 23692 USA
Contact: Judy Gibson, Model Scout •
Agent • Photographer
T 1 757 874 2532
F 1 757 898 1836
E judygibson@rcn.com

MODEL & TALENT AGENCIES, WASHINGTON

John Casablancas
50 116th Avenue SE, Suite 100,
Bellevue, WA 98004 USA
T 1 425 646 3585
F 1 425 637 9461

AMI-ANDERSEN MODELS INTERNATIONAL
1302 28th Avenue Court,
Milton, WA 98354 USA
Contact: Chuck Andersen, Owner
T 1 253 952 2002
F 1 253 952 8816
E cande98752@aol.com

Alleinad-The Total Image
147 N Rogers,
Olympia, WA 98502 USA
T 1 360 705 2573
F 1 360 705 3889

SEATTLE

ABC MODEL/TALENT/SPORT MANAGEMENT
10415 NE 37th Circle, Bldg 4,
Seattle, WA 98033 USA
Contact: David Van Maren
A Full Service Management Company with
offices in Los Angeles, Portland, Eugene & Seattle.
T 1 425 822 6339
F 1 425 822 5457

Actors Group
114 Alaskian Way S, Suite 104,
Seattle, WA 98104 USA
T 1 206 624 9465
F 1 206 624 9466

AGENCY 2000
1424 4th Avenue, 4th Floor,
Seattle, WA 98101 USA
Contact: Kurt Clements/Sunny Chae
T 1 206 467 4972
F 1 206 467 4976
W www.melroseregistry.com
E AMODEL2000@aol.com
***See Ad This Section.**

Barbizon
1501 4th Avenue, Suite 305,
Seattle, WA 98101 USA
T 1 206 223 1500
F 1 206 624 7091

E.L. Models Int'l
600 First Avenue, Suite 632,
Seattle, WA 98104 USA
T 1 206 226 6335
F 1 603 452 6767

E Thomas Bliss & Assoc
219 First Avenue S, Suite 420,
Seattle, WA 98104 USA
T 1 206 340 1875
F 1 206 340 1194

HEFFNER MANAGEMENT
Westlake Tower, 1601 5th Avenue, Suite 2301,
Seattle, WA 98101 USA
Contact: Marsha Ward
T 1 206 622 2211
F 1 206 622-0308
W www.heffnermgmt.com
E marshaw@heffnermgmt.com

JOHN ROBERT POWERS
720 Olive, Suite 920, Seattle, WA 98101 USA
Contact: Hank Ritter
T 1 206 903 6900
F 1 206 903 0302
W www.johnrobertpowers.net
***See Ad On Inside Front Cover Gatefold.**

Kim Brooke Model/Talent Management
2044 Eastlake Avenue E,
Seattle, WA 98102 USA
T 1 206 329 1111
F 1 206 328 5177

NFI MODELS & TALENT
Contact: Alayna, Director
E nfi@gte.net
T 1 425 775 8385
F 1 425 771 1114

SEATTLE MODELS GUILD
1809 7th Avenue, Suite 608,
Seattle, WA 98101 USA
Contact: Kristy Meyers
T 1 206 622 1406
F 1 206 622 8276
E kristy@smgmodels.com

TCM MODELS
2200 6th Avenue, Suite 530,
Seattle, WA 98121 USA
Contact: Terri Morgan
T 1 206 728 4826
F 1 206 728 1814

Team International
3431 96th Avenue NE,
Seattle, WA 98004 USA
T 1 206 455 2969
F 1 206 455 2895

WHAT'S NEW MODEL & TALENT MANAGEMENT
1424 4th Avenue, Suite 4D,
Seattle, WA 98101 USA
Contact: Sunny Chae
T 1 206 467 4972
F 1 206 467 4976
W www.whatsnewinc.com
E sunny@whatsnewinc.com

DREZDEN INT'L MODELING AGENCY & SCHOOL
3121 N Division Street,
Spokane, WA 99207 USA
Contact: Patty or Walt Cromeenes
T 1 509 326 6800
F 1 509 327 0414

Future Stars Model & Talent Agency
17340 S Center Parkway,
Tukwila, WA 98188 USA
T 1 206 575 7922
F 1 206 575 7939

P.S.M. MODELS
18 N 59th Avenue,
Yakima, WA 98908 USA
Contact: Penny Welch
T 1 509 965 1151
F 1 509 965 1151*51

MODEL & TALENT AGENCIES, WISCONSIN

FIRST CHOICE TALENT & MODELING AGENCY INC
1718 Velp Avenue, Suite E,
Green Bay, WI 54303
Contact: Beverly Bodart
T 1 920 497 9609
F 1 920 497 9658
W www.firstchoicetalent.com
E info@firstchoicetalent.com

DYLAN SCOTT TALENT & MODEL CASTING
583 D'Onofrio Drive, Suite 1,
Madison, WI 53719 USA
Contact: Theresa Boyeson
T 1 608 829 3739
F 1 608 827 9609
W www.akaweb.com/dylanscott

THE ROCK AGENCY
2702 Monroe Street,
Madison, WI 53711 USA
Contact: Raquel Repka
T 1 608 238 6372
F 1 608 238 6325
E raquel@mailbag.com

ARLENE WILSON MODEL MANAGEMENT
807 North Jefferson, Suite 201,
Milwaukee, WI 53202 USA
Contact: Catherine Hagen, Director
T 1 414 283 5600
F 1 414 283 5610
W www.arlenewilson.com
E milwaukee@arlenewilson.com
*See Ad This Section Under Chicago.

JENNIFER'S TALENT, UNLTD
740 N Plankinton Avenue, Suite 300,
Milwaukee, WI 53203 USA
Contact: Jennifer Berg
T 1 414 277 9440
F 1 414 277 0918
W www.jenniferstalent.com
E jstalent@execpc.com

INTERNATIONAL AGENCIES

ARGENTINA ✆54

DOTTO MODELS
Arenales 1942-Piso 4-Depto "B",
Buenos Aires, 1124 Argentina
Contact: Pancho Dotto/Jorge E. Rutz
T 11 4 814 0887
F 11 4 814 3626
W www.dottomodels.com.ar
E dottomod@infovia.com.ar

Elencos
Juan M Gutierrez 3821,
Buenos Aires, 1425 Argentina
T 11 4804 8600
F 11 4806 6085

Ford Models
1339 Avenida, 3rd Floor,
Buenos Aires, 1059 Argentina
T 11 4 815 3565
F 11 4 816 7509

AUSTRALIA ✆61

Arnold Casting
163 Halifax Street,
Adelaide, SA 5000 Australia
T 8 223 2502
F 8 223 7848

Allure International Models PTY LTD
35 Dover Street,
Albion, Qld 4010 Australia
T 7 3262 6566
F 7 3262 6577

Lisa Mann Creative Management
P.O. Box 1192,
Bondi Junction, NSW 1355 Australia
T 2 9387 8207
F 2 9389 8936

CL Agencies
32 O'Keefe Street Woolloongabba,
Brisbane, QLD 4102 Australia
T 7 3391 7733
F 7 3391 7583

Lucas Theatrical Management
3-9 Metro Arts, 109 Edward Street,
Brisbane, QLD 4000 Australia
T 7 3211 4345
F 7 3221 9191

TAMBLYN MODELS
Concorde House - Level 2, 217 George Street,
Brisbane, QLD 4000 Australia
Contact: Sallie Tamblyn
T 7 3229 1299
F 7 3229 1243
E tamblyn@models.tm

Vivien's Model Agency
Lennons Plz, 66 Queen Street, Level 28,
Brisbane, QLD 4000 Australia
T 7 3221 2649
F 7 3220 0216

June Reilly Management
45 Cross Street, Level 2,
Double Bay, NSW 2028 Australia
T 2 9362 4604
F 2 9362 4765

Barry Michael Artists
14a Nelson Street,
East St Kilda, VIC 3182 Australia
T 3 9534 2288
F 3 9525 3664

Chic Model Management
44 Roslyn Gardens,
Elizabeth Bay, NSW 2011 Australia
T 2 9326 9488
F 2 9326 9921

Penny Williams Management
181 Glebe Point Road, Lvl 2,
Glebe, NSW 2037 Australia
T 2 9552 1701
F 2 9660 0434

Image Management
215 Brisbane Road, 2-3,
Labrador, QLD 4215 Australia
T 7 5537 4027
F 7 5529 1076

Cameron's Management PTY Ltd
3/402 Chapel Street, South Yarra, Suite 5,
Melbourne, VIC 3134 Australia
T 3 9827 1687
F 3 9827 6401

COSMOPOLITAN MODEL MANAGEMENT
537 Malvern Road, Toorak,
Melbourne, VIC 3142 Australia
Contact: Deborah Miller
T 3 9823 1438
F 3 9826 5196
W www.cosmopolitan.management.tm
E cosmopolitan@management.tm

Elly Lukas Management
171 Collins Street,
Melbourne, VIC 3000 Australia
T 3 9654 7777
F 3 9650 6777

FRM MODEL MANAGEMENT
48 Aberdeen Road,
Prahran, VIC 3181 Australia
Contact: Stephen Bucknall, Director
T 3 9521 5466
T 3 9521 4911
F 3 9521 4375
W www.frm.com.au
E mandi@ozemail.com.au

Jill's Casting Agency
6 Burston Road, Boronia,
Melbourne, VIC 31SS Australia
T 3 9762 5328
F 3 9762 8724

Star Connections Casting Consultants
107 LaTrobe Terrace, Level 5,
Paddington, QLD 4064 Australia
T 7 3876 6766
F 7 3876 6187

Studio Search
36 Woodlands Way,
Parkwood, QLD 4214 Australia
T 7 5571 5355
F 7 5571 5455

Directions West Models & Talent
90 King Street, 1st Floor,
Perth, WA 6000 Australia
T 9 322 6499
F 9 321 3006

JEMMA INTERNATIONAL PTY LTD.
Level 3, API House, 100 Murray Street,
Perth, WA 6000 Australia
Contact: Maxine Howell-Price
T 8 9421 1770
F 8 9421 1797
W www.jemma.com.au
E jemma@wantree.com.au

Spiers Model Management
858 Hay Street,
Perth, WA 6000 Australia
T 8 9322 1044
F 8 9322 1044

Active Casting
1 High Street, 1st Floor,
Prahran, VIC 3181 Australia
T 3 9521 2662
F 3 9521 1126

Chadwick Model Management
31 Izzett Street, Suite 3,
Prahran, VIC 3181 Australia
T 3 9529 2177

CHINA ARTS MODEL MANAGEMENT
2nd Floor, 225 Chapel Street,
Prahran, VIC 3181 Australia
Contact: Hanning L. Han
T 3 9533 6688
M 0412 466 996 Mobile
F 3 9533 6688
W www.chinaarts.com.au
E enquiries@chinaarts.com.au
Asian, Eurasian & Caucasion models and actors
Also photographers, hair & make-up artists, stylists.

Bartuccio Dance & Promotion Center
40 Green Street, Studio 4,
Prahran, VIC 3181 Australia
T 3 9529 4299
F 3 9510 8956

EPIC TALENT MANAGEMENT
15 Darling Street, PO Box 580,
South Yarra, VIC 3141 Australia
T 3 9866 6386
F 3 9866 6389
W http://epic.management.tm
E epic@management.tm
***See Ad This Section.**

GIANT MANAGEMENT

15 Darling Street, PO Box 580,
South Yarra, VIC 3141 Australia
Contact: Greg Tyshing, President
T 3 9866 6455
F 3 9866 6389
W http://giant.management.tm
E giant@management.tm
***See Ad This Section.**

MUNCHKINS MANAGEMENT
CHILDRENS AGENCY

15 Darling Street, PO Box 626,
South Yarra, VIC 3141 Australia
Contact: Deborah Adams
T 3 9821 5990
F 3 9821 5991
W http://www.munchkins.com.au
E munchkins@ozemail.com.au
***See Ad This Section.**

Vivien's Model Agency

209 Toorak Road, Suite 40,
South Yarra, VIC 3141 Australia
T 3 9827 3155
F 3 9824 0074

Kate's Kids

14a Nelson Street,
St Kilda East, VIC 3182 Australia
T 3 9534 2288
F 3 9525 3664

Linda's Rising Stars

12 Marine Pde, Suite 7D,
St Kilda Beach, VIC 3182 Australia
T 3 9534 8755
F 3 9534 8566

FAYE ROLPH MODEL MANAGEMENT
& MODEL ACADEMY
3/7 Golf Street Maroochydore,
Sunshine Coast, QLD 4558 Australia
Contact: Faye Rolph
T 7 5443 4522
F 7 5443 8685

CAMERON'S MANAGEMENT PTY LTD
2 New McLean Street, Suite 5, Edgecliff,
Sydney, NSW 2027 Australia
Contact: Robert Newbould
T 2 9362 0100
F 2 9363 3317
W www.camerons.models.tm
E camerons-syd@models.tm

Chadwick Model Management
162 Goulburn Street, Level 10,
Sydney, NSW 2000 Australia
T 2 9261 0796
F 2 9261 0797

CHIC MODEL MANAGEMENT
44 Roslyn Gardens, Elizabeth Bay,
Sydney, NSW 2011 Australia
Contact: Ursula Hufnagl
T 2 9326 9488
F 2 9326 9921
W www.chic.management.tm
E chic@management.tm

The Gordon Management Group P/L
Level 8, 140 William Street,
E Sydney, NSW 2011 Australia
T 2 9326 9244
F 2 9326 9896

June Cann Management
73 Jersey Road,
Woollahra, NSW 2025 Australia
T 2 9362 4007
F 2 9327 8553

Kubler Auckland Management
36A Bay Street, Double Bay,
Sydney, NSW 1306 Australia
T 2 9362 8700
F 2 9362 8711

LCM MODEL MANAGEMENT
6/127 York Street, Suite 603,
Sydney, NSW 2000 Australia
Contact: Elizabeth Price
T 2 9267 1344
F 2 9267 1867
W www.mctv.com.au
E beth@mctv.com.au

Pamela's Model Management
196 Military Road, Neutral Bay, Suite 2,
Sydney, NSW 2089 Australia
T 2 9908 3022
F 2 9908 4947

PG's Agency
371A Pitt Street, 2nd Floor,
Sydney, NSW 2000 Australia
T 2 9267 5706
F 2 9283 3378

PLATFORM
Level 8, 140 William Street,
East Sydney, NSW 2011 Australia
Contact: Georgia Douglas
T 2 9326 9711
F 2 9326 9896
E platform@models.tm

PRISCILLA'S MODEL MANAGEMENT
204 Glenmore Road, Paddington,
Sydney, NSW 2021 Australia
Contact: Sarah Boswell
T 2 9332 2422
F 2 9332 2488
W www.modelsonthenet.com.au
E priscillas@modelsonthenet.com.au

Spectrum Talent Management
17 Langley Street, Darlinghurst,
Sydney, NSW 2010 Australia
T 93321777
F 93807530

Spectrum Junior Models
17 Langley Street, Darlinghurst,
Sydney, NY 2010 Australia
T 93322636
F 93807530

TMG-THE MODEL GENERATION
17 Langley Street, Darlinghurst,
Sydney, NSW 2020 Australia
Contact: Michael Spott
T 2 9332 1777
F 2 9380 7530
W www.spectrum-tmg.management.tm
E spectrum-tmg@management.tm

Vivien's Model Management
43 Bay Street, Double Bay, 1st Floor,
Sydney, NSW 2028 Australia
T 2 9326 2700
F 2 9327 8084

Faye Rolph Model Management
621 Coronation Drive, Suite 3,
Toowong, QLD 4066 Australia
T 7 3871 0906
F 7 3871 1822

Kevin Palmer Management
258 Bulwara Road,
Ultimo, NSW 2007 Australia
T 2 9552 1277
F 2 9660 3121

Theatre Arts Casting
13 Edinburgh Road,
Willoughby, NSW 2068 Australia
T 2 9958 0078
F 2 9958 2329

AUSTRIA ✆43

Visage Model Management
Landstr 42/3,
Linz, A-4020 Austria
T 732 777 049
F 732 777 049 74

Magic Models
Sendlweg 5A,
Salzburg, 5020 Austria
T 66 282 8196
F 66 282 8196 4

FAME INTERNATIONAL
Mahlerstrasse 13,
Vienna, 1010 Austria
Contact: Peter Huber
T 1 513 9344
F 1 513 9943
E models@fame.at

Next Company Model Management
Werdertorgasse 12,
Vienna, 1010 Austria
T 1 535 9669
F 1 535 0443

STELLA MODELS & TALENTS
Kaunitzgasse 9/6,
Vienna, 1060 Austria
Contact: Roberta Manganelli
T 1 586 9027
F 1 586 9030
W www.stellamodels.com
E stella@magnet.at

Vanity Fair Modellagentur Ges
Frankgasse 1/17,
Vienna, 1090 Austria
T 1 408 4314
F 1 408 7076

Vienna People
Speisingerstr 121-127,
Vienna, 1230 Austria
T 1 888 5862 0
F 1 888 5862 4

Wiener Modellsekretariat
Rudolfsplatz 10,
Vienna, 1010 Austria
T 1 533 2277
F 1 535 3267

ELITE MODEL MGMT VIENNA GMBH
Passauerplatz 1,
Vienna, 1010 Austria
W www.elitevienna.at
T 1 533 5816
F 1 535 4255
E booking@elitevienna.at

BELGIUM ✆32

Ministar & Marie-France
150 Avenue Louise,
Brussels, 1050 Belgium
T 2 649 4730
F 2 648 0604

New Models Agency
69 rue de Hennin,
Brussels, B-1050 Belgium
T 2 644 3222
F 2 644 3262

N.V. Models Office Inc
Rue Street Anne, 34,
Brussels, B-1000 Belgium
T 2 511 4141
F 2 514 2326

Starmania
20, Avenue des Celtes,
Brussels, B-1040 Belgium
T 2 732 1797
F 2 732 3018

Steff Model Management
58 Avenue de Stalingrad,
Brussels, 1000 Belgium
T 2 511 6910
F 2 511 7075

BRAZIL ✆55

DIESEL MODEL MANAGEMENT
Miguel Tostes, 647, Suite 203,
Porto Alegre - RS, 90430-061 Brazil
W www.dieselmodels.com
T 51 333 5862
T 51 333 8839
F 51 330 7349
E diesel@dieselmodels.com

Elite Rio de Janeiro
Av Ataulfo de Paiva 706 cj 202 Leblon,
Rio de Janeiro, 22440 Brazil
T 21 511 3437
F 21 259 5047

Elite
Rua Sampaio Vidal 1096,
São Paulo, SP 01433-001 Brazil
T 11 816 4355
F 11 210 6019

Ford Models
Rua Bento de Andrade 421, Jardim Paulista,
São Paulo, CEP 04503-011 Brazil
T 11 884 5920
F 11 884 0466

L'Equipe
Rua Marina Cintra 57, Jardim Europa,
São Paulo, SP 01446-060 Brazil
T 11 280 3033
F 11 853 7197

Marilyn Agency
Rua Frederic Chopin, 239,
São Paulo, SP 01454-030 Brazil
T 11 870 0509
F 11 210 4011

Model's Promoters
Av Brig Faria Lima 2523, Suite 31,
São Paulo, SP 01451-010 Brazil
T 11 814 2022
F 11 814 2022

NEXT MANAGEMENT • SAO PAULO
Rua Funchal 573, 1 Andar,
Sao Paulo 04551-060 Brazil
Contact: Brigit Nunez
T 11 866 5678
F 11 829 7210
W www.nextmodels.com

TAXI MODEL AGENCY • BRAZIL
Avenue Sao Gabriel 564,
Sao Paulo, 01435-000 Brazil
Contact: Manoel Borrelli / Astrid Facanha
T 11 887 9755
F 11 885 8286
E taxi-agency@aol.com.br

BULGARIA ✆359

Underground Fashion Agency
89 B Liuben Karavelov Street,
Sofia, 1000 Bulgaria
T 2 963 25 63
F 2 963 25 63

CANADA, ALBERTA

Christie's Model & Talent Management
39 Hidden Hill Road, NW,
Calgary, AB T3A 5X9 Canada
T 1 403 651 3389
F 1 403 730 6224

Features Model/Talent Agency
372 Signature Court SW,
Calgary, AB T3H 3H9 Canada
T 1 403 240 4468
F 1 403 240 0451

Hunter Model Management
602-11 Avenue SW, Suite 420,
Calgary, AB T2J 1J8 Canada
T 1 403 630 6346
F 1 403 237 9823

IMAGES INTERNATIONAL
MODEL MANAGEMENT LTD.
578 Point Mckay Grove NW,
Calgary, AB T3B 5C5 Canada
Contact: Patricia (Pat) Collins
T 1 403 283 6517
F 1 403 283 6596
W www.imagesmodels.com
E iimm@home.com

MAG MODELS
620-23rd Avenue SW,
Calgary, AB T2S 0J7 Canada
Contact: Micheline Rae
T 1 403 541 0189
F 1 403 541 0189
W www.cadvision.com/magmod/index.htm
E magmod@cadvision.com

MODE MODELS
#400, 933-17 Avenue SW,
Calgary, AB T2T 5R6 Canada
Contact: Kelly Streit and Bill Giofu
T 1 403 216 2770
F 1 403 216 2771

Oakes Modeling Agency
3015 23rd Avenue SW,
Calgary, AB T3E 0J3 Canada
T 1 403 620 2727

Patti Falconer Int'l Model & Talent Agency
2523 17th Avenue SW,
Calgary, AB T3E 0A2 Canada
T 1 403 249 8222
F 1 403 246 8916

MODE MODELS
#1004, 10080 Jasper Avenue,
Edmonton, AB T5J 1N9 Canada
Contact: Brenda Rains and Kelly Streit
T 1 403 424 6633
F 1 403 424 0898

SELECT MODEL MANAGEMENT LTD
306 Edmonton Centre,
Edmonton, AB T5J 4H5 Canada
Contact: Larry Moore
T 1 780 482 2828
F 1 780 482 7605
W www.selectmodels.net
E select@compusmart.ab.ca

PATTI FALCONER INT'L MODEL & TALENT AGENCY
2523 17th Avenue SW,
Calgary, AB T3E 0A2 Canada
Contact: Patti Falconer
T 1 403 249 8222
F 1 403 246 8916

CANADA, BRITISH COLUMBIA

LORI ALLAN INT'L MODELS
1470 St. Paul Street, Suite 101,
Kelowna, BC VIY 2E6 Canada
Contact: Chris & Lori McCormack
T 1 250 861 5262
T 1 250 491 1407
F 1 250 860 2030

SPOTLIGHT ACADEMY FOR ACTORS & MODELS
#4- 2515 Kenworth Road,
Nanaimo, BC V9T 5K4 Canada
Contact: Jacqui Kaese
T 1 250 758 8119
F 1 250 245 5182

LA MODE MODELING & TALENT AGENCY, INC.
Suite 201-1389 3rd Avenue,
Prince George, BC V2L 3E8 Canada
Contact: Carolyn Sadler
T 1 250 561 2589
F 1 250 561 2512
*See Ad This Section.

LLOYD TALENT
14914-104 Avenue, Suite 106,
Surrey, BC V3R 1M7 Canada
Contact: Lissa Lloyd
T 1 604 589 7559
F 1 604 585 9894
E lloyd@canadafilm.com

LMI - LISSA MODELS INTERNATIONAL
14914-104 Avenue, Suite 106,
Surrey, BC V3R 1M7 Canada
Contact: Lissa Lloyd
T 1 604 589 7533
F 1 604 585 9894
W www.modelmgmt.com
E lmi@modelmgmt.com

Mittsu Model Management
15183-97 B Avenue,
Surrey, BC V3R 8W6 Canada
T 1 604 581 7117
F 1 604 585 2236

BLANCHE'S MODEL & TALENT MANAGEMENT
555 West 12th Avenue, Suite 100,
Vancouver, BC V5Z 3X7 Canada
Contact: Melanie Hawthorne
T 1 604 685 0347
F 1 604 669 1415

CHARLES STUART INT'L MODELS
314-1008 Homer Street,
Vancouver, BC V6B 2X1 Canada
Contact: Charles Stuart, President
T 1 604 222 3177
F 1 604 228 4039
W www.faceswest.com
E CSAgency@home.com

INC Int'l Canadian Model Management
4300 W 9th Avenue,
Vancouver, BC V6R 2C7 Canada
T 1 604 872 1999
F 1 604 899 1450

la Mode
INTERNATIONAL MODELING & TALENT AGENCY INC.
Suite 201 - 1389 3rd Avenue, Prince George, BC, Canada V2L 3E8
Office: (250) 561-2589 Cell: (250) 613-7906 Fax. (250) 561-2512

JOHN CASABLANCAS VANCOUVER MODEL MGMT
220 Cambie Street, Suite 150,
Vancouver, BC V6B 2M9 Canada
Contact: James Falconer
T 1 604 688 0261
F 1 604 688 4229
W www.vancouvertalent.com
E info@vancouvertalent.com

Kirk Talent
1005 Cambie Street,
Vancouver, BC V6B 5L7 Canada
T 1 604 682 5351
F 1 604 684 9040

LIZBELL AGENCY LTD.
Ste 304-1228 Hamilton Street,
Vancouver, BC V6B 2S8 Canada
Contact: Liz/Laura
T 1 604 683 9696
F 1 604 683 3414
W www.lizbellagency.com
E lizbell@axionet.com

Look Management
110-1529 W 6th Avenue,
Vancouver, BC V6J 1R1 Canada
T 1 604 737 5225
F 1 604 737 7612

RICHARD'S INT'L MODEL MANAGEMENT
Hotel Vancouver Suite 103,
900 West Georgia Street
Vancouver, BC V6C 2W6 Canada
Contact: Richard, Robbin or Gerry
T 1 604 683 7484
F 1 604 683 7485
E richardsagency@home.com

TOP MODEL & TALENT
1033 Davie, Suite 615,
Vancouver, BC V6E 1M7 Canada
Contact: Sonya Siltani
T 1 604 844 7808
F 1 604 844 7807
W www.topmodels.bc.ca
E topmodel@dowco.com

VANITY MODEL MANAGEMENT
601 West Broadway,
Vancouver, BC V5Z 4C2 Canada
Contact: Carrie Wheeler/Georgina Petropoulos
T 1 604 675 6962
F 1 604 713 8601
E wheelercarrie@hotmail.com

VMH INTERNATIONAL MODELS
1311 Howe Street, Suite 200,
Vancouver, BC V6Z 2P3 Canada
Contact: Vanessa M. Helmer
T 1 604 221 4080
F 1 604 221 4071
W www.vmhmodels.com
E info@vmhmodels.com

BARBARA COULTISH TALENT & MODEL MANAGEMENT
101A-2526 Government Street,
Victoria, BC V8T 4P7 Canada
Contact: Barbara or Laura Coultish
T 1 250 382 2670
F 1 250 382 2691
E bcoultish@bc.sympatico.ca

Bonnie Pollard's Fashion in Motion
3542 Blanshard Street, Suite 201,
Victoria, BC V8X 1W3 Canada
T 1 250 475 3355
F 1 250 475 4434

JÄGER MODEL & TALENT MANAGEMENT
P.O. Box 5712, Station B,
Victoria, BC V8R 6S8 Canada
Contact: Gail Smith
T 1 250 595 0420
F 1 250 595 0480
E jagermodels@hotmail.com

CANADA, MANITOBA

Academy of Modeling & Self-Improvement
323 Portage Avenue, Suite 307,
Winnipeg, MAN R3B 2C1 Canada
T 1 204 943 2158

BDM Talent Inc
P.O. Box 35031, Henderson RPO,
Winnipeg, MAN R2K 4J9 Canada
T 1 204 488 9343
F 1 204 228 8277

PANACHE MODEL & TALENT MANAGEMENT
106-897 Corydon Avenue,
Winnipeg, MAN R3M 0W7 Canada
Contact: Jane Campbell
T 1 204 982 6150
F 1 204 474 2687

CANADA, NEW BRUNSWICK

Ruth Barnes Modeling Agency Ltd
585 Mountain Road,
Moncton, NB E1C 2N9 Canada
T 1 506 854 3318
F 1 506 383 9273

CANADA, NEWFOUNDLAND

X-POSURE INTERNATIONAL INC.
155 Water Street, Suite 101,
St. John's, NF A1C 1B1 Canada
Contact: Ms. Alma Connock
T 1 709 579 2996
F 1 709 726 3956
E x-posure.inc@nf.sympatico.ca

CANADA, NOVA SCOTIA

City Models & Faces Talent Agency
73 Tacoma Drive, Suite 206,
Dartmouth, NS B2W 3Y6 Canada
T 1 902 462 1047
F 1 902 462 2574

THE CASSIDY GROUP
5212 Sackville Street, Suite 200,
Halifax, NS B3J 1K6 Canada
Contact: Lara Cassidy / Sheila Patrone
T 1 902 492 4410
F 1 902 492 4411

CANADA, ONTARIO

POTENTIALS
49 High Street, Suite 408,
Barrie, ON L4N 5J4 Canada
A Full Service Agency
Contact: Wanda Fluney
T 1 705 722 5410
F 1 705 722 3233
E potent@BConnex.net

Mode Elle
121 Dundas Street E, Suite 202,
Belleville, ON K8N 1C3 Canada
T 1 613 967 0470
F 1 613 967 1544

Applause/Bickerton Model & Talent
499 Main Street S, Suite 208,
Brampton, ON L6Y 1N7 Canada
T 1 905 457 7571
F 1 905 457 3048

Lydia's Int'l Children Modeling Agency
3280 Mead Cr,
Burlington, ON L7M 3M2 Canada
T 1 905 336 9164
F 1 905 336 8410

Latin Talent Agency
2035 Highway Seven W,
Concord, ON L4K 1V6 Canada
T 1 905 738 5323
F 1 905 738 4679

ANGIE'S MODELS, IMAGES & TALENT INTERNATIONAL
4 2nd Street East,
Cornwall, ON K6H 1Y3 Canada
Contact: Angie & Lou Seymour
T 1 613 932 1451
F 1 613 933 5537
W www.angiesmodels.com
E angies@canadafilm.com
***See Ad This Section.**

Promode
1340 Rainbow Crescent,
Gloucester, ON K1J 8E2 Canada
T 1 613 744 6931
F 1 613 744 6635

Vogue Models & Talent
36 Hess Street S, 3rd Floor,
Hamilton, ON L8P 3N1 Canada
T 1 905 523 5077
F 1 905 529 9616

Merit Model Management
1097 Frost Drive,
Kingston, ON K7M 5N4 Canada
T 1 613 634 4140
F 1 613 634 7420

NV • NEW VISION IMAGE MODELS
303 Bagot Street, LaSalle Mews, Suite 1 Box 23,
Kingston, ON K7K 5W7 Canada
Contact: Marla-Beth Rosen & Suzy Lamont
T 1 613 545 9200
F 1 613 544 8276

Towne Models
1160 Clyde Court,
Kingston, ON K7P 2E4 Canada
T 1 613 634 1472
F 1 613 546 5440

Gemini Models
127 Weber Street W,
Kitchener, ON N2H 4A1 Canada
T 1 519 578 2111
F 1 519 578 2226

Elegance
219 Oxford Street W, Suite 302,
London, ON N6H 1S5 Canada
T 1 519 434 1181
F 1 519 434 1182

NOW MODELLING & ACTING SCHOOL
575 Richmond St, 2nd Floor,
London, ON N6A 3G2 Canada
Contact: Jennifer Orlebar
T 1 519 432 1161
F 1 519 432 1229
Modelling•Acting•Self Improvement
Fashion Shows•Corporate Image
A Full Service Model & Talent Agency

Barbizon
1590 Dundas Street E, Suite 208,
Mississauga, ON L4X 2Z2 Canada
T 1 905 949 5151
F 1 905 949 2748

Flare Modelling Inc
444 Timothy Street,
Newmarket, ON L3Y 1P8 Canada
T 1 905 898 1149
F 1 905 898 1147

FMI - Flare Modeling Inc.
444 Timothy Street,
Newmarket, ON L3Y 1P8 Canada
T 1 905 898 1149
F 1 905 898 1147

GEOFFERY CHAPMAN MODELS
6153 Main Street,
Niagara Falls, ON L2G 6A3 Canada
Contact: Geoffrey Chapman
T 1 905 374 3821
F 1 905 374 1134
W www.geoffreychapman.com
E geoffchapman@sprint.ca

Farmer's Modeling School & Agency
4th Line & Chiefwood Road,
Ohsweken, ON N0A 1M0 Canada
T 1 519 445 2851
F 1 519 445 4995

UNITED TALENT AGENCY
P.O. Box 369,
Ohsweken, ON N0A 1M0 Canada
Contact: Michelle Farmer
Specializing in Native American Talent
T 1 519 445 4674
F 1 519 445 4995
E unique@execulink.com

Gifford/Jackson Talent Agency
871 Wilson Road S, Unit 2,
Oshawa, ON L1H 8B1 Canada
T 1 905 686 0749
F 1 905 686 0749

ANGIE'S MODELS, IMAGES & TALENT INTERNATIONAL
25A York Street,
Ottawa, ON K1N 5S7 Canada
Contact: Angie & Lou Seymour
T 1 613 244 0544
F 1 613 244 0481
W www.angiesmodels.com
E angies@canadafilm.com
***See Ad This Section.**

ANGIE'S MODELS & IMAGES

25A York Street, Ottawa, Ontario K1N 5S7
Tel: 613.244.0544
Fax: 613.244.0481
e-mail: angies@canadafilm.com
www.angiesmodels.com

BARRETT PALMER MODELS INTERNATIONAL INC.
410 Queen Street,
Ottawa, ON K1R 5A7 Canada
Contact: Sarah Burroughs
T 1 613 235 5145
F 1 613 235 0213
E bpmodels@netcom.ca

MODELS INTERNATIONAL MANAGEMENT
185 Somerset Street W, Suite 312,
Ottawa, ON K2P 0J2 Canada
Contact: Julie Pellerin, President/Owner
T 1 613 236 9575
F 1 613 236 9607

Lasting Beauty Model Management
1330 Pembroke Street West, Suite 14,
Pembroke, ON K8A 7A3 Canada
T 1 613 732 0098
F 1 613 735 4324

L'Image Model Management
152 Upton Road,
Sault Ste Marie, ON P6A 3W4 Canada
T 1 705 945 6144
F 1 705 942 9335

Charm Plus
Supermall, 1485 Lasalle Blvd,
Sudbury, ON P3A 5H74 Canada
T 1 705 560 6785
F 1 705 674 0337

Gloria Moody Models/Agcy
1420 Isabella Street,
Thunder Bay, ON P7E 5B9 Canada
T 1 807 622 9084
F 1 807 626 8270

TORONTO

ACI Talent
17 St Josephs Street, Suite 309,
Toronto, ON M4U 1J8 Canada
T 1 416 324 8100
F 1 416 324 8099

APPLAUSE/BICKERTON MODEL & TALENT
499 Main Street South, Suite 208,
Toronto, ON L6Y 1N7 Canada
Contact: Favra or Eddi
T 1 905 457 7571
F 1 905 457 3048

THE ARMSTRONG GROUP
78 Berkeley Street,
Toronto, ON M5A 2W7 Canada
T 1 416 594 0455
T 1 416 594 9820 Men
T 1 416 594 9835 Women
T 1 416 594 9848 Kool Kids
T 1 416 594 0533 TV/Film
F 1 416 594 9926
W www.armstrongmodels.com
E armgro@interlog.com

B & M MODEL MANAGEMENT
43 Dupont Street,
Toronto, ON M5R 1V3 Canada
Contact: Mel or Brooke
T 1 416 925 8722
F 1 416 925 1277
E b-mmgt@aracnet.net

Broadbelt & Fonte Models Inc
696 Dufferin Street,
Toronto, ON M6K 2B5 Canada
T 1 416 588 8806
F 1 416 588 4984

Brooke Talent
2716 Street Clair Avenue E, Suite 7,
Toronto, ON M4B 1M6 Canada
T 1 416 693 8848
F 1 416 693 8841

Butler Ruston Bell Talent Assocs Inc
10 St Mary Street, Suite 308,
Toronto, ON M4Y 1P9 Canada
T 1 416 964 6660
F 1 416 960 8979

CAROLYN'S MODEL & TALENT AGENCY
STUDIO TALENT MANAGEMENT
2104 Yonge Street,
Toronto, ON M4S 2A5 Canada
T 1 416 544 0232
F 1 905 542 8887

Characters Talent
150 Carlton,
Toronto, ON M5A 2K1 Canada
T 1 416 964 8522
F 1 416 964 6349

Christopher Banks & Assocs
6 Adelaide Street E, Suite 610,
Toronto, ON M5C 1H6 Canada
T 1 416 214 1155
F 1 416 214 1150

DISTINCT LOOK AGENCY
783 Lawrence Avenue W, Suite 12B,
Toronto, ON M6A 1C2 Canada
Contact: Volda Alexander
T 1 416 787 6423
F 1 416 787 2034

Edward G Agency
19 Isabella Street,
Toronto, ON M4Y 1M7 Canada
T 1 416 960 8683
F 1 416 960 6015

ELEANOR FULCHER INT'L / BLAST MODELS INC
615 Yonge Street, Suite 200,
Toronto, ON M4Y 1Z5 Canada
Contact: Clarissa Siebert, Agency Director
T 1 416 922 1945
T 1 416 922 7205 Blast
F 1 416 922 1874
W www.interlog.com/~efagency
E efagency@interlog.com

Elite Models
477 Richmond Street W, Suite 301,
Toronto, ON M5V 3E7 Canada
T 1 416 369 9995
F 1 416 369 1929

Emmerson Denney Personal Management
119 Portland Street,
Toronto, ON M5V 2N4 Canada
T 1 416 504 3923
F 1 416 504 7454

FORD CANADA
385 Adelaide St W, 2nd Floor,
Toronto, ON M5V 1S4 Canada
Contact: Cynthia Cully
Contact: Jeff Andrews, Talent
Contact: Pamela McLean, Just 4 Kids
T 1 416 362 9208
T 1 416 362 7273 Talent
T 1 416 362 8344 Just 4 Kids
F 1 416 362 9604
E ford@canadafilm.com

Gary Goddard & Assocs
10 St Mary Street, 3rd Floor,
Toronto, ON M4Y 1P9 Canada
T 1 416 928 0299
F 1 416 924 9593

Gaulthier Artists Inc
208 Carlton Street, Loft Level,
Toronto, ON M5A 2L1 Canada
T 1 416 928 9197
F 1 416 928 9121

Giovanni Model Management
333 Adelaide Street W, 5th Floor,
Toronto, ON M5V 1R5 Canada
T 1 416 597 1993
F 1 416 597 6882

Global Model Network
936 College Street, Suite 201,
Toronto, ON M6H 1A4 Canada
T 1 416 537 4265
F 1 416 516 2018

Golden Talent Management
606 Avenue Road, Suite 605,
Toronto, ON M4V 2K9 Canada
T 1 416 482 6435
F 1 416 482 8293

Hollywood North
18 Thurston Road,
Toronto, ON M4S 2V7 Canada
T 1 416 481 1000
F 1 416 486 5500

ICE MODEL & TALENT MANAGEMENT
165 Bathurst Street, 1st Floor,
Toronto, ON M5V 3C2 Canada
T 1 416 366 7890
F 1 416 203 6267
W www.icemodels.com
E icemodels@aol.com

Jack Timlock
402 Sherbourne Street, Suite 2,
Toronto, ON M4X 1K3 Canada
T 1 416 923 1914
F 1 416 923 3757

Jordan & Assoc Talent Management
615 Yonge Street, Suite 401,
Toronto, ON M4Y 1Z5 Canada
T 1 416 515 2028
F 1 416 515 1763

Joy Davies Agency
P.O. Box 699, Postal Sta F,
Toronto, ON M4Y 2N6 Canada
T 1 416 410 2414

Just Models Inc
901 Yonge Street, Suite 200,
Toronto, ON M4W 3M2 Canada
T 1 416 961 7888
F 1 416 961 8788

KG Talent
55 A Sumach,
Toronto, ON M5A 3J6 Canada
T 1 416 368 4866
F 1 416 368 2492

Lorraine Wells & Co
10 St Mary Street, Suite 320,
Toronto, ON M4Y 1P9 Canada
T 1 416 413 1676
F 1 416 413 1680

Louise Parent Management
6 Clarence Square,
Toronto, ON M5V 1H1 Canada
T 1 416 977 5445
F 1 416 977 2441

McGuin & Assoc Inc
10 St Mary Street, Suite 307,
Toronto, ON M4Y 1P9 Canada
T 1 416 920 6884
F 1 416 920 8543

Messinger Agency
The Colonnade, 131 Bloor Street W, Suite 515-G,
Toronto, ON M5S 1R1 Canada
T 1 416 960 1000
F 1 416 960 1001

Morris Talent Management
534 Richmond Street W,
Toronto, ON M5V 1Y4 Canada
T 1 416 703 8877

Oscars Abrams & Zimel Inc
438 Queens Street E,
Toronto, ON M5A 1T4 Canada
T 1 416 860 1790
F 1 416 860 0236

Phoenix Artists Management
10 St Mary Street,
Toronto, ON M4Y 1P9 Canada
T 1 416 964 6464
F 1 416 969 9924

Premier Artists Management
671 Danforth Avenue, Suite 305,
Toronto, ON M4J 1L3 Canada
T 1 416 461 6868
F 1 416 461 7677

PERRY D. ANDREWS TALENT MGMT (P.A.T.M)
PERRY D. ANDREWS MODEL MGMT
PERRY D. ANDREWS "NEW FACES" DIVISION
599-B Yonge Street, Suite 342,
Toronto, ON M4Y 1Z4 Canada
Contact: Perry Andrews,
Kent Simmons, Michelle Kay
T 1 416 961 2727
F 1 416 944 0946

REINHART-PERKINS INC
2120 Queen Street E, Suite 202,
Toronto, ON M4E1E2 Canada
Contact: Janice Perkins
T 1 416 699 7130
F 1 416 699 1101
E reinperk@canadafilm.com

SHERRIDA PERSONAL MANAGEMENT, INC
110 Scollard Street,
Toronto, ON M5R 1G2 Canada
Contact: Sherrida Rawlings
T 1 416 928 2323
F 1 416 928 0767

Silver Screen 2000 Inc
49 Spadina Avenue, Suite 501,
Toronto, ON M5V 2J1 Canada
T 1 416 596 9511
F 1 416 596 9714

SUBZERO MODEL MANAGEMENT
624 Richmond Street W,
Toronto, ON M5V 3C2 Canada
T 1 416 203 6522
F 1 416 203 6267
E szmm.aol.com

Sutherland Models Inc
174 Spadina Avenue, Suite 100,
Toronto, ON M4T 2C2 Canada
T 1 416 703 7070
F 1 416 703 9726

Talent House
204 A St George Street,
Toronto, ON M5R 2N6 Canada
T 1 416 960 9686
F 1 416 960 2314

Trainco Ltd
10 St Mary Street, Suite 306,
Toronto, ON M4Y 1P9 Canada
T 1 416 923 2884
F 1 416 923 1520

VELOCCI MODEL & TALENT MANAGEMENT
439 Wellington Street W, Suite 202,
Toronto, ON M5V 1E7 Canada
Contact: Mario Velocci, Jr - Agency Director
Sarah Murray, Women's Division,
Adrian Forde, Men's Division
T 1 416 595 9855
F 1 416 595 5107

Worldwide Talent
80 Carlton Street,
Toronto, ON M5B 1L6 Canada
T 1 416 410 6443
F 1 416 932 8910

ONTARIO CONTINUED

CAMEO AGENCY
51 Albert Street,
Waterloo, ON N2L 3S1 Canada
Contact: Joan Heaton
T 1 519 885 0919
F 1 519 885 3435

HARLOW MODEL MANAGEMENT
101 Dundas Street W, 2nd Floor,
Whitby, ON L1N 2M2 Canada
Contact: Viveca Rupa
T 1 905 430 5716
F 1 905 430 9366

LA MAGIQUE MODELLING AGENCIE & SCHOOL
5614 Wyandotte Street East,
Windsor, ON N8S 1M3 Canada
Contact: Simona Gesuale/ Kate Derbyshire
T 1 519 974 4441
F 1 519 974 4441

CANADA, QUEBEC

Aviel Talent Management
5784 Westluke Avenue,
Cote Saint Luc, QB H4W 2N7 Canada
T 1 514 481 9065
F 1 514 481 3879

MANNEQUINS CRISTAL
136 de Gallichan,
Gatineau, QB J8R 2Y4 Canada
Contact: Marc Raven
T 1 819 663 0747
F 1 819 663 0747

Acteurs Assocs
4539 rue Fabra,
Montreal, QB H2J 3V7 Canada
T 1 514 525 6218
F 1 514 525 4736

Agence Joanne Sheskay
2504-1751 Richardson,
Montreal, QB H3K 1G6 Canada
T 1 514 989 7222
F 1 514 989 7257

AGENCE SCOOP
405 St-Jean Baptiste, Suite 2,
Montreal, QB H2Y 2Z7 Canada
Contact: Sylvie Beaulac & Jean-Philippe Collin
T 1 514 875 6361
F 1 514 861 4885
E scoop@autoroute.net

AGENCE SYBILLE SASSE
1600 Notre Dame St W, Suite 205,
Montreal, QB H3J 1M1 Canada
Contact: Sybille Sasse
T 1 514 934 0393
F 1 514 934 0326
E sybillesasse@qc.aibn.com

Agenda Agence
28 rue Notre Dame Est, Suite 302,
Montreal, QB H2Y 1B9 Canada
T 1 514 866 1830
F 1 514 866 2939

FOCUS INTERNATIONAL
1134 rue Ste-Catherine Ouest, Suite 510,
Montreal, QB H3B 1H4 Canada
Contact: Helene Rousse
T 1 514 866 8846
F 1 514 866 8748
E focus@contactpoint.net
***See Ad This Section.**

Folio Montreal
295 rue de la Commune Ouest,
Montreal, QB H2Y 2E1 Canada
T 1 514 288 8080
F 1 514 843 5597

Gaulthier Artists Inc
538 Grosvenor Str,
Montreal, QB H3Y 2S4 Canada
T 1 514 931 9260
F 1 516 931 9246

GIOVANNI MODEL MANAGEMENT
291 Place d'Youville,
Montreal, QB H2Y 2B5 Canada
Contact: Jean Francois
T 1 514 845 1278
F 1 514 845 2547
W www.giovannimodels.com
E montreal@giovannimodels.com

Giraffe Agency
28 Notre-Dame E, Suite 302,
Montreal, QB H2Y 1B9 Canada
T 1 514 866 1830
F 1 514 866 2939

Glenn Talent Management
3981 Street Laurent, Suite 730,
Montreal, QB H2W 1Y5 Canada
T 1 514 499 3485
F 1 514 499 3491

John Casablancas
Galeries Dauphin Sud, 3535 Papineau, Suite 7,
Montreal, QB H2K 4J9 Canada
T 1 514 527 8484
F 1 514 527 9530

Le Petit Monde Agency
179 rue Sherbrooke Est,
Montreal, QB H2X 1C7 Canada
T 1 514 845 6495
F 1 514 845 6495

Louise Bergeron Agency
2000 rue Saint Donat,
Montreal, QB H1L 5K6 Canada
T 1 514 351 0507
F 1 514 351 4810

Lyne Lemleux Agency
5130 rue Saint Hubart, Suite 208,
Montreal, QB H2J 2Y3 Canada
T 1 514 273 3411
F 1 514 495 9045

Marie Dupont Agency
5229 rue Brebeul,
Montreal, QB H2J 3L8 Canada
T 1 514 523 4870
F 1 514 523 1078

Micheline Saint Laurent Agency
10840 rue Saint Francois d'Assise,
Montreal, QB H2B 2N5 Canada
T 1 514 383 8378
F 1 514 388 8178

Montage Inc
3451 Street Laurent, Suite 400,
Montreal, QB H2X 2T6 Canada
T 1 514 284 4901
F 1 514 284 3656

Orlando Galletta Inc
6397 St Denis Street,
Montreal, QB H2S 2R8 Canada
T 1 514 270 8236
F 1 514 278 8807

Payer et Choquet Agency
5298 boul Pie IX,
Montreal, QB H1X 2B7 Canada
T 1 514 728 2811
F 1 514 728 1405

Premier Role Inc
3449 de l'Hotel de ville,
Montreal, QB H2X 3B5 Canada
T 1 514 844 7653
F 1 514 848 9636

Specs
3981 Boulevard Street Laurent, Suite 600,
Montreal, QB H2W 1Y5 Canada
T 1 514 844 1352
F 1 514 844 8540

Duchesne Agency
30 av Marsolais, Suite 1,
Outremont, QB H2V 1N2 Canada
T 1 514 274 4607
F 1 514 274 4607

Ginette Achim Agency
594 av Champagnaur,
Outremont, QB H2V 3P5 Canada
T 1 514 271 3737
F 1 514 271 8774

Maxime Vanasse Agency
853 av Rockland,
Outremont, QB H2V 2Z8 Canada
T 1 514 277 4842
F 1 514 277 4817

CONTREBANDE
MODEL & TALENT MANAGEMENT
2383 Chemin Sante-Foy, Suite 201,
Sante-Foy, QB G1V 1T1 Canada
Men, Women, Children, Sports & Body Models
T 1 418 569 5985
F 1 418 688 7260
W www.contrebande.com

Nicole Dodler Agency
2 rue Saint Malo,
Sainte Julie, QB J0L 2S0 Canada
T 1 450 649 4611
F 1 450 922 4461

Lise White Talent Agency
CP 148,
Saint Sauveur, QB J0R 1R0 Canada
T 1 514 984 0714
F 1 450 563 1686

MacDonald Cartier School
7445 Chemin Chambly,
St Hubert, QB J3Y 3S3 Canada
T 1 450 678 1070

Agence de Mannequin Bellini Int'l Inc
5099A Jarry Est,
St Leonard, QB H1R 1Y5 Canada
T 1 514 326 3599
F 1 514 329 0281

CANADA, SASKATACHEWAN

EDGE MODELS & TALENT AGENCY
#10 Odin Walk,
Regina, SASK S4S 6W5 Canada
Contact: Lisa Marie Schwartz
T 1 306 789 2403
F 1 306 586 2468
W www.cableregina.com/business/edgemodels
E edgemodels@cableregina.com

STAGES MODEL & TALENT AGENCY
2206 Dewdney Avenue, Suite 304,
Regina, Sask S4R 1H3 Canada
Contact: Kathryn Barnett
T 1 306 757 8370
F 1 306 522 2271
W www.theworldco.com/stages
E stages@theworldco.com

MG Model & Talent Management
241 Fifth Avenue N,
Saskatoon, SASK S7K 2P3 Canada
T 1 306 653 3830
F 1 306 653 4916

She Modeling Agency & School
3211 Wells Avenue,
Saskatoon, SASK S7K 5W4 Canada
T 1 306 652 7484
F 1 306 382 4513

Portfolio Model & Talent
3180 8th St Eastreet, Suite 3,
Saskatoon, SASK S7H 0W2 Canada
T 1 306 652 6664
F 1 306 955 5979

CHILE ✆56

NEW MODELS AGENCY
Av Suecia 2788,
Santiago, 6840137 Chile
Contact: Simone Lindeberg
T 2 341 3060
F 2 204 8810
E newmodels@netline.cl

CHINA ✆86

China New Silk Road Models Inc
China Garments Tower, No 99 Jian Guo Road, Suite 501,
Beijing, 100020 China
T 10 6592 5588
F 10 6502 3219

GALAXY MODEL MANAGEMENT
3/F No. 3 Dong Fang Road, Dong San Huan Bei Lu,
Beijing, 100027 China
Contact: Jerry Zhang
T 10 6462 8134
F 10 6462 8148
E galaxymm@public.bta.net.cn

ML Int'l Models Inc
262A City Goverment Road, Shenhe District,
Shenyang, 110013 China
T 24-2279-1890
F 24-2279-1890

CZECH REPUBLIC ✆42

GENAGE MODELS • CZECH REPUBLIC
Vesela 5, Brno, Moravia 602 00 Czech Republic
Contact: Ivan Neumann, Dusan Fadler
T 05 42211718
F 05 42211718
W www.genagemodels.com/czech-republic
E czech-republic@genagemodels.com

Czechoslovak Models
Na Prikope 27,
Prague 1, 110 00 Czech Republic
T 2 24 22 8788
F 2 24 22 9765

LOOK MODEL MANAGEMENT • PRAGUE
Trziste 8, 1-Mala Strana,
Prague 1, 11080 Czech Republic
T 2 900 57 163
F 2 533 244

DENMARK ✆45

Diva Models
Guldsmedgade 22,
8000, Arhus C, Denmark
T 86 19 74 44
F 86 12 59 50

SCANDINAVIAN MODELS / ELITE COPENHAGEN
Magstraede 10,
Copenhagen, 1204 K Denmark
Contact: Trice Tomsen, Director
T 33 93 24 24
T 33 15 14 14
F 33 93 92 24
W www.scanelite.dk
E trice@scanelite.dk

Scoop Models of Copenhagen ApS
Læderstræde 9,
DK-1201 Copenhagen K, Denmark
T 33 14 10 13
F 33 14 10 31

Unique Models
Ny Østergrade 3,
Copenhagen K, 1107 Denmark
T 33 12 00 55
F 33 12 05 50

ECUADOR ✆593

Finnegan Group/Group Active
Quiteno Libre 117,
Quito, Ecuador
T 2 893 586
F 2 445 798

Please Note:
In the next year, there will be changes in the dialing codes in England; however, these numbers will work for the year 2000.

ENGLAND ✆44

Adage Model Agency
The Custard Factory, Gibb Street,
Birmingham, B9 4AA England
T 121 693 4040
F 121 693 4041

Louise Dyson Agency
95 Spencer Street, The Jewelry Quarter,
Birmingham, B18 6DA England
T 121 554 7878
F 121 554 6526

The Model Team Scotland
180 Hope Street, 3rd Floor,
Glasgow, G2 2UE Scotland
T 141 332 3951
F 141 332 1915

Premier Models Scotland
83 Renfield Street,
Glasgow, G2 Scotland
T 141 332 6575
F 141 333 9189

Babies, Tots, Teens & Twenties
Hampton House, 33 Church Drive,
N Harrow, Middlesex, HA2 7NR England
T 181 429 3030

Pat Keeling Model Agency
99-101 Highcross Street,
Leicester, LE1 4PH England
T 116 262 2540
F 116 253 7712

LONDON

1st Model Management
533B Kings Road, Top Floor,
London, SW10 0TZ England
T 171 565 6500
F 171 565 6501

ANGELS MODELS
52 Queens Gardens, Suite 6,
London, W2 3AA England
Contact: Angela Papadopoulos,Director
T 020 7262 5344
F 7070 718 315
W www.angelsagency.fsnet.co.uk
E angelsagency@hotmail.com

Assassin Management
2 Marshall Street,
London, W1V 1LQ England
T 020 7534 5400
F 020 7534 5401

Bookings Model Agency & Booking Men
27A Pembridge Villas Studio 6,
London, W11 3EP England
T 171 221 2603
F 171 229 4567

Bruce & Brown London Kids
203 Canalot Studios, 222 Kensal Road,
London, W10 5BN England
T 181 968 5585
F 181 964 0457

Childsplay Models Ltd
1 Cathedral Street,
London, SE1 9DE England
T 171 403 4834
F 171 403 1656

Christian's Team [Characters]
11 Old Burlington Street,
London, W1X 1LA England
T 171 494 2692
F 171 439 7234

Crawfords
2 Conduit Street,
London, W1R 9TG England
T 171 629 6464
F 171 355 1084

Dreams International Model & Casting Agency
Empire House, 175 Picadilly, Mayfair,
London, WIC 9DB England
T 171 359 4786
F 171 688 0771

F.M.
122 Brompton Road,
London, SW3 1JE England
T 171 225 1355
F 171 581 2113

Gavin's Models
11 Old Burlington Street,
London, W1X 1LA England
T 171 629 5231
F 171 439 7234

GoodFellas
122 Brompton Road,
London, SW3 1JE England
T 171 584 7474
F 171 591 4711

Hazel Singer, Casting Dir
1 Newcastle House, Luxborough Street,
London, W1M 3LF England
T 171 935 9049

IMG MODELS
13/16 Jacob's Well Mews, George St,
London, W1H 5PD England
Contact: Jonathan Phang
T 171 486 8011
F 171 487 3116
***See Ad UNITED STATES Section.**

International Model Management
21 Heathman's Road, Unit H,
London, SW6 4TJ England
T 020 8736 2221
F 020 8610 9111

Kamera Kids
KK Studio, 9 Station Parade,
London, SW12 9AZ England
T 181 675 4911
F 181 673 1364

Marco Rasala Worldwide
14 Dean Street,
London, W1V5AH England
T 171 437 4211
F 171 437 4221

M & P MANAGEMENT
3-4 Bentinck Street,
London, WIM5RN England
Contact: Mignon Matthews MD
T 020 7224 0560
F 020 7224 0655
W www.mandpmodels.com
E mandpmodels@hotmail

Maverick Model Management
134 Lots Road,
London, SW10 0RJ England
T 171 823 3585
F 171 823 3586

Model Plan
Unit 4, 3rd Flr, Harbour Yard, Chelsea Harbour,
London, SW10 0X0 England
T 171 351 3244
F 171 351 2292

Models One/ Models One Men
Omega House, 471-473 King's Road,
London, SW10 0LU England
T 171 351 6033
F 171 376 5821

Nev's Agency
198 Kings Road, Regal House, 2nd Floor,
London, SW3 5KP England
T 171 352 4886
F 171 352 6068

New Inc
14 Dean Street,
London, W1V5AH England
T 171 437 4188
F 171 437 4221

NEXT MANAGEMENT
27a Sloane Square,
London, SW1W 8AB England
Contact: Stefano Cecchi
T 171 730 4924
F 171 730 9232
W www.nextmodels.com
***See Ad This Section.**

Ordinary People Ltd
8 Camden Road,
London, NW1 9PD England
T 171 267 7007
F 171 267 5677

Premier Model Management Limited
40-42 Parker Street,
London, WCB 5PQ England
T 171 333 0888
F 171 323 1221

Rage Models
256 Edgeware Road, Tigress House,
London, W2 1DS England
T 171 262 0515
F 171 402 0507

Samantha Bond Management
199 King's Road,
London, SW3 5ED England
T 171 352 3767
F 171 351 4157

Select Model Management
43 King Street,
London, WC2E 8RJ England
T 171 470 5200
F 171 470 5233

Storm Model Management
5 Jubilee Place,
London, SW3 3TD England
T 171 352 2278
F 171 376 5145

Take Two Model Agency
11 Garrick Street,
London, WC2E 9AR England
T 171 836 4501
F 171 836 0140

Top Models Ltd
21-25 Goldhawk Road, 3rd Floor,
London, W12 8QQ England
T 181 743 0640
F 181 743 1413

Yvonne Paul Management
10 Tiverton Road,
London, NW10 3HL England
T 181 960 0022
F 181 960 0410

ENGLAND CONTINUED

Tuesdays Child
Gateway House, Watersgreen,
Macclesfield, SK11 6LH England
T 162 561 2244
F 162 550 1765

BOSS MODEL MANAGEMENT LIMITED
Half Moon Chambers, Chapel Walks,
Manchester, M2 1HN England
Contact: Debra Burns
T 161 834 3403
F 161 832 5219
W www.bossagencies.co.uk
E julie@bossagencies.freeserve.co.uk

MMA-Manchester Model Agency
14 Albert Sq,
Manchester, M2 5PF England
T 161 236 1335
F 161 832 2502

Elisabeth Smith Ltd
81 Headstone Road,
Harrow, Middlesex, HA1 1PQ England
T 181 863 2331
F 181 861 1880

Mark Summers Agency
Ava House 209 Hatton Road,
Middlesex, Bedfont, TW14 9QY England
T 181 893 2573
F 181 384 2539

Stella Greenfield
41 Bush Grv,
Middlesex, Stanmore, England
T 181 952 1805

United Colours of London Ltd
1 Penylan Place,
Edgeware, Middlesex, HA8 6EN England
T 181 952 2941
F 181 952 1892

Kaos! Models
31 Mosley Street, 3rd Floor,
Newcastle, NE1 1YF England
T 191 222 0304
F 191 233 1188

FINLAND ✆358

SUOMEN EUROPE FASHION
Satakunnankatu 14, Box 673
33101 Tampere, Finland
T 3 2237046
F 3 2237600
Fredrikinkatu 25 A 25
00120 Helsinki Finland
T 9 608041
W www.sef.sci.fi
E sef@sci.fi

Pariss Model Agency
Tuomikuja 7,
Seinajoki, 60100 Finland
T 6 414 0137
F 6 421 2250

FRANCE ✆33

Fam Int'l
Boulevard Vital Bouhot 30,
Neuilly-sur-Seine, 92200 France
T 1 41 92 06 50
F 1 46 37 45 50

PARIS

Absolu
50 rue Etienne Marcel,
Paris, 75002 France
T 1 44 76 58 90
F 1 44 76 58 91

BANANAS MAMBO
9 rue Duphot, Paris, 75001 France
Contact: Patricia Cadiou-Diehl
T 1 40 20 02 03
F 1 40 20 41 20

Beauties
22 rue de Caumartin,
Paris, 75009 France
T 1 47 42 51 79
F 1 47 42 01 51

City Models
21 rue Jean Mermoz,
Paris, 75008 France
T 1 53 93 33 33
F 1 53 93 33 34

CLICK MODELS
27 rue Vernet,
Paris, 75008 France
Contact: Gisele Attias
T 1 47 23 44 00
F 1 47 20 31 15

CONTREBANDE
48 rue Sainte-Anne,
Paris, 75002 France
Model Agency - Lic. Number 98
Artistic Agent - Lic. Number 884
T 1 40 20 42 20
F 1 40 20 42 21
W www.contrebande.com
E agence@contrebande.com

CRYSTAL MODEL AGENCY
9 Rue Duphot,
Paris, 75001 France
T 1 42 61 98 98
F 1 42 61 90 47

Elite
8 bis rue Lecuirot,
Paris, 75014 France
T 1 40 44 32 22
F 1 40 44 32 80

Ford Models
9 rue Scribe,
Paris, 75009 France
T 1 53 05 25 25
F 1 53 05 25 26

IDOLE MODEL MANAGEMENT
3, rue du Cirque,
Paris, 75008 France
Contact: Alex Jouneau
T 1 53 96 06 00
F 1 53 96 06 01
W www.idole.com
E agence@idole.com

IMG MODELS
2 rue Dufrenoy,
Paris, 75116 France
Contact: Jeni Rose
T 1 45 03 85 00
F 1 45 03 85 01
E Thonneau@imgworld.com
***See Ad In New York Section.**

Karin Models
9 Avenue Hoche,
Paris, 75008 France
T 1 45 63 08 23
F 1 45 63 58 18

MADISON MODELS
4 Avenue Hoche,
Paris, 75008 France
Contact: Vincent Peter / Eduard Pesch
T 1 44 29 26 36
F 1 47 63 44 04
W www.madisonmodels.com
E info@madisonmodels.com

Marilyn Agency
4 Avenue de la Paix,
Paris, 75002 France
T 1 53 29 53 53
F 1 53 29 53 00

Men of Karin
9 Avenue Hoche,
Paris, 75008 France
T 1 45 63 33 69
F 1 45 63 17 71

Metropolitan Models
7 Bd des Capucines,
Paris, 75002 France
T 1 42 66 52 85
F 1 42 66 48 75

NATHALIE MODEL AGENCY
10 Rue Daubigny,
Paris, 75017 France
Contact: Nathalie Cros Coitton
T 1 44 29 07 10
F 1 44 29 07 11

NEXT MANAGEMENT
188, rue de Rivoli,
Paris, 75001 France
T 1 53 45 13 00
F 1 53 45 13 01
W www.nextmodels.com

Paris 30
24 rue Vieille du Temple,
Paris, 75004 France
T 1 42 77 22 79
F 1 42 77 56 49

People Agency
11 Rue Richepanse,
Paris, 75008 France
T 1 55 35 09 90
F 1 55 35 09 95

PH One Int'l Model Agency
50 rue Etienne Marcel,
Paris, 75002 France
T 1 44 76 58 70
F 1 44 74 58 71

Rebecca
33 rue du Petit Musc,
Paris, 75004 France
T 1 44 61 84 20
F 1 44 61 84 21

Roxane Model Agency
25, rue de Ponthieu,
Paris, 75008 France
T 1 44 95 84 51
F 1 44 95 84 69

SUCCESS
11 rue Des Arquebusiers,
Paris, 75003 France
Contact: Oliver Bertraud
T 1 42 78 89 89
F 1 42 78 80 02
E success@easynet.fr

Viva Models
15 rue Duphot,
Paris, 75001 France
T 1 44 55 12 60
F 1 44 55 12 62

GERMANY ✆49

Berlin Models
Saarbrucker Str 20-21,
Berlin, 10405 Germany
T 30 4438 0041
F 30 4438 0049

Famous Int'l Model Agency
Spreeufer 5,
Berlin, 10178 Germany
T 30 327 5556
F 30 324 8064

Kunstlerdienst Berlin
Kurfurstendamm 210,
Berlin, 10719 Germany
T 30 88 43050
F 30 88 4305 13

TYPE FACE
Tempelhofer Ufer 10,
Berlin, 10963 Germany
Contact: Inka / Bettina
T 30 283 9850
F 30 2839 8529
E agentur@type-face.de

Viva
Kurfurstendamm 50,
Berlin, 10623 Germany
T 30 881 9111
F 30 883 6375

Cockroach
Ahnfeldstr 45,
Düsseldorf, 40239 Germany
T 211 639 9096
F 211 639 9098

D'Selection
Cecilien Allee 66,
Düsseldorf, 40474 Germany
T 211 84555
F 211 84550

E-Models Management
Corneliusstr 71,
Düsseldorf, 40215 Germany
T 211 386 100
F 211 386 1010

Model Pool, Regina Bauman
Akademiestr 7,
Düsseldorf, 40213 Germany
T 211 865 560
F 211 865 5665

No Toys
Schwanenmarkt 12,
Düsseldorf, 40213 Germany
T 211 322 100
F 211 322 111

Stars Model Management
Benrather Strasse 6,
Düsseldorf, 40213 Germany
T 211 86 56 10
F 211 32 34 34

East West Models
Launitzstr 12,
Frankfurt, 60594 Germany
T 69 6109 310
F 69 6109 3131

Frankfurt One!
Hamburger Alee 45,
Frankfurt, 60486 Germany
T 69 975 8750
F 69 975 875 75

Kunstlerdienst
Saonestr 2-4,
Frankfurt/M, 60528 Germany
T 69 6670 0
F 69 6670 459

S'MS (Seeber)
Darmstädter Landstr 320,
Frankfurt, 60598 Germany
T 69 685 005
F 69 689 7282

HAMBURG

Aquarius Models
Schauenburger Strasse 15,
Hamburg, D-20095 Germany
T 40 32 81 08 82
F 40 32 81 08 81

BODY & SOUL
WerderstraBe 39,
Hamburg, 20144 Germany
Contact: Pia Kohles
T 40 41 2091
F 40 410 47 48
E bodyandsoulmodels@t-online.de

Global Professional Group
Notkestr 13,
Hamburg, D-22607 Germany
T 40 8990 3408
F 40 8990 3200

Hoeppel Model
Lokstedler Steindamm 31,
Hamburg, 22529 Germany
T 40 566 061
F 40 560 1810

Kunstlerdienst Hamburg
Nagelsweg 9,
Hamburg, 20097 Germany
T 40 24 850
F 40 24 851 457

LOUISA MODELS HAMBURG
Feldbrunnen Strasse 24,
Hamburg, 20148 Germany
Contact: Louisa Von Minckwitz
T 40 414 40 100 Booking
T 40 414 40 111 Make-Up
F 40 414 40 222
W www.louisa-models.de
E info-ham@louisa-models.de

M4 Models
Schluterstr 54a,
Hamburg, 20146 Germany
T 40 413 2360
F 40 413 23616

Mega Model Agency
Kaiser-Wilhelm-Str 93,
Hamburg, 20355 Germany
T 40 355 2200
F 40 355 2202 2

Model Contact
Borsteler Bogen 27,
Hamburg, 22453 Germany
T 40 553 8885
F 40 553 8886

Model Management
Hartungstr 5,
Hamburg, 20146 Germany
T 40 440 555
F 40 450 0885

MODEL TEAM
Schluterstrasse 60,
Hamburg 20146
T 40 414 1037
F 40 414 1033 4

MODELWERK
Rothenbaumchaussee 3,
Hamburg, 20148 Germany
T 40 44 79 29
F 40 44 79 10
E modelwerk@modelwerk.com

Network Models
Rothenbaumchaussee 83,
Hamburg, 20148 Germany
T 40 44 1451
F 40 45 7114

OKAY MODELS
Ost West Str. 63,
Hamburg, 20457 Germany
Contact: Maggie Fedorow-Berndt
T 40 378 5000
F 40 378 50010
E okaymodels@T-online.de

People & Friends
Gerhofstr 29,
Hamburg, 20354 Germany
T 40 357 6440
F 40 357 64444

PROMOD MODEL AGENCY
Barmbeker Str 136,
Hamburg, 22299 Germany
Contact: Mr. Haus
T 40 471 0000
F 40 471 00022
W www.promod.org
E promod@promod.org

Talents Model Agency
Muehlenkamp 31,
Hamburg, 22303 Germany
T 40 27 1047
F 40 27 1041

WOLF MODELS
Alsterufer 46,
Hamburg, D-20354 Germany
Contact: Wolf Lueck
T 40 413 3190
F 40 413 31941
E wolfmodels@t-online.de

XS Excess Model Management Gmbh
Heimhuderstr 18,
Hamburg, 20148 Germany
T 40 450 377 10
F 40 450 377 15

Hieroglyphs International Modeling Agency

HIEROGLYPHS INTERNATIONAL MODELING AGENCY
Robert Koch Str. 4,
Hockenheim, 68766 Germany
Corey Minch, American Division
Uta Fischer, European Division
T 6205 101327
F 6344 939356
W www.hieroglyphs.com
E info@hieroglyphs.com

Supreme Model Agency
Waldparkstrobe 30,
Mannheim, 68163 Germany
T 1 621 833 2330
F 1 621 833 2339

MUNCHEN

HARRY'S MODEL MANAGEMENT
Virchowstrasse 2,
München, 80805 Germany
Contact: Harry Denker
T 89 360 0000
F 89 361 7067

Klages Models
Antonienstr 3,
München, 80802 Germany
T 89 3839 1838
F 89 3839 1844

Kunstlerdienst München
Sonnenstr 2/IV,
München, 80331 Germany
T 89 54 45 1130
F 89 54 45 1154

LOUISA MODELS MUNCHEN
Ebersberger Strasse 9,
München 816795 Germany
Contact: Louisa Von Minckwitz
T 89 9210 9620 Women
T 89 9210 9630 Men
T 89 9210 9641 Make-Up
F 89 9210 9638
W www.louisa-models.de
E info-muc@louisa-models.de

Munich Models
Karl-Theodor-Str 18a,
München, 80803 Germany
T 89 34 1336
F 89 34 1386

NOVA MODELS
Antonienstr 3,
Munchen 808025 Germany
T 89 3839 1819 Men/Women
F 89 3839 1888
W www.nova-models.de
E girl@nova-models.de
E men@nova-models.de

PS
MODEL MANAGEMENT MUNICH
http://www.ps-models.com
PETER SPERLICH AM KOSTTOR 3 80331 MÜNCHEN TEL ++49 - (0)89 / 29 19 23 - 0 FAX ++49 - (0)89 / 29 19 23 - 50

Petra Niemann
Ohmstrasse 5,
München, 80802 Germany
T 89 34 4740
F 89 34 1733

People
Grundelstr 14,
München, 81825 Germany
T 89 42 2896
F 89 42 2417

PS MODEL MANAGEMENT • MUNICH
Holzstrasse 12,
Munchen, 80469 Germany
Contact: Peter Sperlich
T 89 291 9230
F 89 291 92350
***See Ad This Section**

Session One
Baaderstr 56a,
München, D-80469 Germany
T 89 20 25900
F 89 20 259099

Talents München
Ohmstr 5,
München, 80802 Germany
T 89 3883 7730
F 89 3883 7733

Tatjana Lobbes
Ansbacher Str 4,
München, 80796 Germany
T 89 271 8451
F 89 271 0424

GERMANY CONTINUED

Cawi Models
Kohlbuckweg 11,
Nürnberg, 90491 Germany
T 911 59 9492
F 911 59 9211

Todays Models
Moltkestr 15,
Nürnberg, 90429 Germany
T 911 28 8948
F 911 28 8988

First Agency
Sophienstr 19,
Stuttgart, 70178 Germany
T 711 60 0030
F 711 60 0090

Kunstlerdienst Stuttgart
Jägerstr 14-16,
Stuttgart, 70174 Germany
T 711 941 0
F 711 941 2401

Rita Jaeger Models
Marientstr 3A,
Stuttgart, 70178 Germany
T 711 226 2051
F 711 226 3895

Rothchild
Böblinger Str 10b,
Stuttgart, 70178 Germany
T 711 603 040
F 711 640 0802

Le Visage
Petrusstr 19a,
Trier, 54214 Germany
T 651 2 5463
F 651 2 5463

Global Professional Group
Sooderstrasse 23,
Wiesbaden, D-65193 Germany
T 611 954 4144
F 611 954 4032

GREECE ✆30

ACE MODELS MANAGEMENT
9, Irodotou Str,
Athens, 10674 Greece
Contact: Andie Alexandropoulou, Director
T 1 725 8531
T 1 725 8532
T 1 725 8533
F 1 721 8963

ACTION! MODELS
Ferekidou 14,
Athens, 11636 Greece
Contact: Dotte Klingström, Director
T 1 751 2072
F 1 751 2047
Scouting Office Chicago
T 1 312 664 1609
Contact: Gregory Brown
***See Ad This Section.**

Agence Unique Model Management
Karneadou 15,
Athens, 10675 Greece
T 1 729 2611
F 1 721 3354

Alice Models
70, Kiprou Street,
Athens, 16674 Greece
T 1 968 1730
F 1 968 1730

Elena Model Management
22, Vasileos Georgiou B,
Athens, 11635 Greece
T 1 722 3384
F 1 724 5382

FASHION CULT
Iperidou 5,
Athens, 105 58 Greece
Contact: Nelli Oulani
T 1 322 1301
F 1 322 8281
W http://www.nevi93.gr
E fashcult@hoe.gr

Models One
4 Koumbari Street,
Athens, 10674 Greece
T 1 364 5011
F 1 364 3077

MSH-MODEL'S HOUSE LTD
19 Filellinon Str, 4th Floor,
Athens, 10557 Greece
Contact: Yiannis Stamopoulos
T 1 322 4745
F 1 322 4855
E mshhouse@netor.gr

PRESTIGE GROUP S.A.

154 Syngrou Avenue,
Athens, 17671 Greece
Contact: Nikos Voglis
T 1 924 4552
F 1 921 5596
E prestige@ath.forthnet.gr

Twins Models Agency

11, 25 Martiou Str, Halandri,
Athens, 152 32 Greece
T 1 685 6200
F 1 685 6201

Universal Artists/Models

27 Aetorahis,
Thessaloniki, 54640 Greece
T 31 82 1742
F 31 81 9424

HONG KONG ✆852

CATWALK PRODUCTIONS LTD

Room 1702, Cornell Center, 50 Wing Tai Road,
Chai Wan, Hong Kong, Hong Kong
Contact: Sharon Chui
T 2598 0663
F 2598 9719
E catprod@hkstar.com

STARZ PEOPLE (HK) LTD.

Unit 503-504, 1 Lyndhurst Tower,
1 Lyndhurst Terrace, Hong Kong, Hong Kong
Contact: Mee-Yian Yong
T 2536 0225
F 2536 0333
W www.starz.com.hk
E starzhk@netvigator.com

Network Model Management

52-58 Tanner Road, 1A Yalford Bldg, ,
North Point, Hong Kong
T 2565 6349
F 2565 6926

ELITE HK MODEL MANAGEMENT HOLDINGS LTD.

Suite 901,Workington Tower, 78 Bonham Strand East,
Sheung Wan, Hong Kong, Hong Kong
Contact: Paul Lau, General Manager
T 2850 5550
F 2851 3384
E elitehk@vol.net

IRENE'S MODEL BOOKING SERVICE, LTD.

Flat B, #14F, Harvard Comm Bldg.,
105-111 Thomson Road, Wan Chai, Hong Kong
Contact: Ms. Irene Lau
T 2891 7667
F 2838 4840
E irene115@netvigator.com

MODELS INTERNATIONAL LTD.
128 Lockhart Road, 26th Floor,
Wanchai, Hong Kong
Contact: Candy Chan
T 2529 6183
F 2865 2381
W www.modelshk.com
E enquiry@modelshk.com

Solar Image
18 Harbour Road, 3202 Central Plaza,
Wanchai, Hong Kong
T 2827 1333
F 2827 0128

HUNGARY ✆36

ATTRACTIVE ELITE MODELS
Kadar Utca 9-11,
Budapest, H-1132 Hungary
Contact: Orsi Feher / Kinga Szücs-Gáspár
T 1 236 4022
T 30 200 7291
F 1 236 4023

IMAGE MODEL MANAGEMENT
Bródy Sándor u.9, Ste I./15,
Budapest, 1088 Hungary
Contact: Bernadett Gaspar
T 1 338 1099
F 1 318 7321

L & W Modellugynokseg
Sapron u1 40,
Budapest, 1117 Hungary
T 1 203 9159

NEW IMAGE MODELS
Budaörsi út 88-90 (Hotel Wien), 5th Floor,
Budapest, 1118 Hungary
Contact: Alex Pocsai / Andrew Ali
T 1 310 3004
T 30 9310 545 Mobile
F 1 310 3004
W www.newimage.hu
E newimage@newimage.hu

ICELAND ✆354

ESKIMO MODELS
Ingolfsstraeti 1a,
101 Reykjavik, Iceland
Contact: Thorey or Asta
T 552 8012
F 552 8011
W www.eskimo.is
E eskimo@eskimo.is

GENAGE MODELS INTERNATIONAL HEADQUARTERS
Holmgardur 34,
Reykjavik, 108 Iceland
Contact: Mr. Ingi Karisson
T 553 4070
F 553 4072
W www.genagemodels.com
E genagemodels.com@genagemodels.com

Icelandic Models
Skeifan 7,
Reykjavik, 108 Iceland
T 588 7727
F 588 7799

IRELAND ✆353

Ambers Model Agency
184 Rathfarnham Road,
Dublin, 14 Ireland
T 1 490 1405
F 1 490 6529

Assets Model Agency
40 Leeson Street,
Lower Dublin, 2 Ireland
T 1 676 0443

Big is Beautiful Model Agency
Glasnevin Village,
Dublin, 9 Ireland
T 1 836 0159

Eddie Shanahan, The Agency
38 Clarendon Street,
Dublin, 2 Ireland
T 1 679 4277

Geraldine Brand Agency
Ashdown House, 565 Howth Road, Raheny,
Dublin, 5 Ireland
T 1 832 7332

Impact Models
35 Lower Baggot Street,
Dublin, 2 Ireland
T 1 295 4095

Morgan, The Agency
13 Herbert Place,
Dublin, 2 Ireland
T 1 661 4572
F 1 662 4575

Network 200 Modelling Agency
721 S Circular Road,
Dublin, 8 Ireland
T 1 671 7055

Access Model Agency
17 Sandycove Point,
Sandycove, Ireland
T 1 280 7450

ISRAEL ✆972

Sarit Damir
79 Bialik,
Ramat-Gan, 52511 Israel
T 3 751 7946
F 3 575 2568

IMAGE MODELS AGENCY
103 Hashmonaim Street, 1st Floor,
Tel-Aviv, 67133 Israel
Contact: Betty Rockway
T 3 562 6565
F 3 562 6810
W http://www.isralink.co.il/image
E image1@netvision.net.it
The First Israeli Agency

KARIN MODELS
3 Nafcha Street, Shekin Corner,
Tel Aviv, Israel
Contact: Ofer Raphaeli
T 5 430 6494
F 3 544 6434
W www.karinmodels.com
E ofer@karinmodels.com

LOOK MODEL MANAGEMENT
35, Bnei Brak Street, 4th Floor,
Tel Aviv, 66021 Israel
Contact: Michal
T 3 638 6900 3
F 3 638 6940
W www.lookmodelsil.com
E look@netvision.net.il

ITALY ✆39

Collection Model Management
Via Pancaldi 5,
Bologna, 40138 Italy
T 1 51 343 442
F 1 51 391 681

MILANO

Admiranda Model Agency
Piazza Cincinnato 4,
Milano, 20124 Italy
T 02 2952 4813/4
F 02 204 6116

By The Way Model Management
Via Tortona 15,
Milano, 20144 Italy
T 02 581 7781
F 02 5811 2898

Christian Jacques Women/CJ Men
Via Tortona 14,
Milano, 20144 Italy
T 02 5810 7440
F 02 5811 3677

Clan Actor & Model Management
Via Andrea Verga, Suite 4,
Milano, 20144 Italy
T 02 4851 9551
F 02 4851 9668

Elite Milano
Via S Vittore 40,
Milano, 20123 Italy
T 02 467 521
F 02 481 9058

EYE FOR I
MODEL MANAGEMENT
Via Guerrazzi, 1,
Milano, 20145 Italy
Contact: Patti Piazzi
T 02 345 471 Print
T 02 3454 7222 Print Fax
T 02 3453 5144 Runway
T 02 3453 4128 Runway Fax
T 02 3454 7210 Accounting
W www.eyefori.com
E patti@eyefori.com

Fashion Model Management S.P.A.
Via Monte Rosa 80,
Milano, 20149 Italy
T 02 480 861
F 02 481 9164

Fashion Service Group
Via Eustachi 12,
Milano, 21029 Italy
T 02 294 03 000
F 02 295 21 514

FLASH MODEL MANAGEMENT
Via Tortona, 14,
Milano, 20144 Italy
Contact: Alberto Righini
T 02 837 3010
F 02 837 2221
W www.flashmodels.com
E alberto@flashmodels.com

Funny Type
Via Aurello Saffi, No 11,
Milano, 20123 Italy
T 02 461 487
F 02 498 4525

FUTURE MODEL MEN
Via Voghera 25,
Milano, 20144 Italy
Contact: Wal Torres
T 02 833 0101
F 02 8330 1029
W www.futuremodelmen.com
E info@futuremodelmen.com

Ice Model Management
Via G G Mora 2,
Milano, 20123 Italy
T 02 833 880
F 02 8942 9171

Int'l Beatrice Models
Via Vicenzo Monti 47,
Milano, 20123 Italy
T 02 469 2599
F 02 498 9345

JOY MODEL MANAGEMENT
Via San Vittore 40,
Milano, 20123 Italy
Contact: Maristella Becucci
T 02 4800 2776
F 02 4802 2598
W www.joymodels.com
E joy@joymodels.com

LOOK NOW
Via A. Da Giussano, 16,
Milano, 20145 Italy
Contact: Paul Kopp-Mario Rescio
T 02 4802 0126
F 02 498 1586

Major Model Management
Via Seprio 2,
Milano, 20149 Italy
T 02 4801 2828
F 02 4819 4081

Names Model Agency
Piazza Arcole n° 4,
Milano, 20143 Italy
T 02 89 41 0075
F 02 89 40 8561

PAOLO TOMEI MODELS
Via Voghera 25,
Milano 20144 Italy
Contact: Paolo Tomei/Federico Superina
T 02 833 0101
F 02 8330 1030
W www.paolotomeimodels.com
E info@paolotomeimodels.com

PEPEA MODEL MANAGEMENT
Via Solari 11,
Milano, 20144 Italy
Contact: Gio` Barbieri
T 02 8942 0135
F 02 8942 9371

Petit Model
Via Alberto Mario 25,
Milano, 20149 Italy
T 02 498 3678
F 02 498 3196

Theluxe Model Management
Via Tortonia 15,
Milano, 20144 Italy
T 02 581 7781
F 02 581 2898

Toledo Jet Model Booking
Corso Lodi 5,
Milano, 20135 Italy
T 02 5519 4714
F 02 5519 4784

WANT MODEL MANAGEMENT

WANT MODEL MANAGEMENT
Via Borgonuovo, 10, 2nd Floor,
Milano, 20121 Italy
Contact: Paola
T 02 290 6631
F 02 2901 4477
E want@planet.it

WHY NOT
Via Zenale 9,
Milano, 20123 Italy
Contact: Tiziana Casali
T 02 485 331
F 02 481 8342
E whynotmodels@interbusiness.it

ZOOM MODEL MANAGEMENT
Via Franchetti 2,
Milano, 20124 Italy
Contact: Andrea Tradico
T 02 657 0669
T 02 657 0749
F 02 657 0760

ROME

GAP MODEL MANAGEMENT
Via Valadier 36,
Rome, 00193 Italy
Contact: Juan Carlos
T 06 322 0108
F 06 321 9371
E gapmodels@yahoo.it

Portfolio
Lungotevere Mellimi 10,
Rome, 00193 Italy
T 06 361 3491

JAPAN ✆81

CENTRAL FASHION CO. LTD.
3F Cinq Ishikawabashi Bldg,
5-18 Dankei-dori, Mizuho-ku,
Nagoya, 467-0021 Japan
Contact: Maki Harrison
T 52 836 6663
F 52 836 6667
W www.central-f.com
E info@central-f.com

OSAKA

COSMOPOLITAN MODEL AGENCY CO. LTD.
Asahi Plaza Umeda 714,
4-11 Tsuruno-cho, Kita-Ku,
Osaka, 530-0014 Japan
Contact: Keiko Hatano
T 6 6359 5067
F 6 6377 3040
W www.cosmopolitanagency.com
E cosmopolitan@mua.biglobe.ne.jp

FORZA INC.
Torishima Office, One Bldg. #803,
Temma, Kita-Ku,
Osaka 530-0043 Japan
Contact: Mika Hirayama
T 6 6882 7200
F 6 6882 7205
W www.forzamodels.co.jp
E agency@forzamodels.co.jp

SELECT MEN MODEL MANAGEMENT INC
1-2-2-200 Umeda Kita-ku,
Osaka, 530-0001 Japan
Contact: Tami Chiba
T 6 6344 6346
F 6 6344 6295
E select@mtf.biglobe.ne.jp

VISAGE • JAPAN
1-2-2-200 Umada, Kita-Ku,
Osaka, 530 Japan
Contact: Keiko Hara
T 6 6348 1855
F 6 6348 1858
E visage@muj.biglobe.ne.jp

Zem Inc
1-2-2 Umeda,
Kita-ku, Osaka, 530 Japan
T 6 6341 5252
F 6 6341 1907

TOKYO

AD. PLAN TOKYO CO., LTD.
M-Bldg, 5F, 7-9-7 Akasaka Minato-ku,
Tokyo, Japan
Contact: Sawa Saito, Director
T 3 5570 1168
F 3 5570 1154
E ss01-apt@kt.rim.or.jp

AGENCE PRESSE MODEL MANAGEMENT
5-10-5 503 Aoyama Heights Minami-Aoyama,
Minato-ku, Tokyo 107 Japan
Contact: Rika Hashimoto
T 3 3406 6771
F 3 3406 5081
E agence@mue.biglobe.ne.jp

Amazone
403 Harajuku Coop, 1-14-14 Jingumea,
Shibuya-ku, Toyko, Japan
T 3 3423 0644
F 3 3423 6753

AXELLE MODEL MANAGEMENT
Root Higashiazabu 10F,
3-4-18, Higashiazabu
Minato-Ku, Tokyo, 106-0044 Japan
President: Keiko Kyomoto
T 3 3582 1212
F 3 3582 6430
W http://www.axelle.co.jp
E model@axelle.co.jp

Bon' Image
7-3-16 #303 Roppongi,
Minato-ku, Tokyo, Japan
T 3 3403 4110
F 3 3403 4662

BRAVO MODELS
Room 701, 3-1-25 NishiAzabu,
Minatoku, Tokyo, 106-0031 Japan
Contact: Shoko Arai
T 3 3746 9090
F 3 3746 9901
E bravo.models@ibm.net
***See Ad This Section.**

CINQ DEUX UN CO LTD
Al Bergo Nogizaka 508, 9-6-28 Akasaka,
Minato-ku, Tokyo, 107-0052 Japan
Contact: Machiko Arikura
T 3 3402 8445 Women
T 3 3402 7591 Men
T 3 3402 8688 Prima
T 3 3402 8687
E cdujapan@blue.ocn.ne.jp
***See Ad This Section.**

DONNA, INC
503, 1-7-9 Jinnan, Shibuya-Ku,
Tokyo 150-0041 Japan
Contact: Junko Shimazaki
T 3 3770 8255
F 3 3770 8266
E donna@nn.iij4u.or.jp

E Promotions Co Ltd
703 Dokken Daikanyama Hts,
Shibuya-ku, Tokyo, 150 Japan
T 3 3770 6191
F 3 3770 6193

EVVIVA
Akasaka Tokyu Bldg 5F,
2-14-3 Nagatacho,
Chiyoda-Ku, Tokyo 100-0014 Japan
Contact: Ríe Aizawa
T 3 3502 4721
F 3 3502 4720
E evviva@mint.ocn.ne.jp

Faces Guild Modeling Agency
1-8-13 Nishi-Azabu,
Minato-ku, Tokyo, Japan
T 3 3475 0152
F 3 3475 5687

FOLIO
1-10-10, 5F, Azabujuban,
Minato-Ku, Tokyo, 106-0045 Japan
Contact: Yumi Sakai
T 3 3586 6481
F 3 3505 2980
E folio@mb.kcom.ne.jp

FRIDAY MODEL AGENCY
Star Plz Aoyama 901, 1-10-3 Shibuya,
Shibuya-ku, Tokyo, 150-0002 Japan
Contact: Tachi (Jap Dev) / Nikki (Intl Dev)
T 3 3406 1487 Intl Dev
T 3 3406 1550 Japanese Dev
F 3 3406 1456
E tf1991@gol.com

Gallery Models
Fine Aoyama Building 801, 6-2-13-801 Minami Aoyama,
Minato-ku, Tokyo, 107-0062 Japan
T 3 3486 4755
F 3 3486 4757

Gap Models
3-10-7 Minami Aoyama,
Minato-ku, Tokyo, 107 Japan
T 3 3478 0611
F 3 3478 6144

Gem
Belaire Gardens 5-A, 4-2-11 Jingumae,
Shibuya-ku, Tokyo, 150 Japan
T 3 3475 0595
F 3 3408 7211

Ice Model Management
Itoyama Tower 124, 3-7-18, Mita, Minato-Ku,
Toyko, 108 Japan
T 3 5440 6160
F 3 5440 6158

Image
7-3-16 Rappongi,
Minato-ku, Tokyo, 106 Japan
T 3 3403 4110
F 3 3403 4662

John Robert Powers
4-1 Kio-Cho, New Otani Hotel,
Chiyoda-ku, Tokyo, Japan
T 3 3221 2980
F 3 3221 2685

KIRARA JAPAN MODEL MANAGEMENT
402 St Rope Minami Aoyama
6-3-14 Minami Aoyama
Minato-ku Tokyo 107-0062 Japan
Contact: Suzuyo Fukuda
T 3 5466 8802
F 3 5466 8821
E kirara@mail.webnik.ne.jp

L'Homme & La Femme
2-1-5 Higashiyama,
Meguro-ku, Tokyo, 153 Japan
T 3 5721 6006
F 3 5721 6007

PUEBLO MODELS
55-7-303 Motoyogi Shibuyaku,
Tokyo, 151-0062 Japan
Contact: Yoko Kishino
T 3 3468 1051
F 3 3468 1038
E puecom@tkd.ott.me.jp

Satoru Model Management
Belaire Gardens 5A, 4-2-11 Jingumae,
Shibuya-ku, Tokyo, 150 Japan
T 3 3475 0555
F 3 3408 7211

Tateoka Office
6-34-14 Jingumae, Rm 403 ,
Shibuya-ku, Tokyo, 150 Japan
T 3 5466 2902
F 3 5466 2904

TEAM INC
Akasaka Tokyu Bldg 5F,
2-14-3 Nagatacho,
Chiyoda-ku, Tokyo 100-0014 Japan
Contact: Kimiko Tamagawa, Men
Yu Ogino, Women
T 3 3502 4711
F 3 3502 4715
E team@coral.ocn.ne.jp

URBAN AGENCY CO. LTD.
Pare Nogizaka 603, 9-5-26, Akasaka,
Minato-ku, Tokyo, 107 Japan
Contact: Takashi Kuroki
T 3 3475 0453
F 3 3475 0529
W www.urbanagency.com
E urbanagency@hotmail.com
Western Office, U.S. Headquarters
Contact: Lippe
T 1 301 229 7648
***See Ad This Section.**

Y.O. Models
5-4-24 Minami Aoyama, Suite 302,
Minato-ku, Tokyo, 107-0062 Japan
T 3 5467 0260
F 3 5467 0263

YOSHIE, INC.
#302 K's Apartment 4-30-22 Taishido,
Setagaya-ku, Tokyo, 154 Japan
Contact: Yoshie Furuya
T 3 5481 2224
F 3 5481 5832
E yf01-yos@kt.rim.or.jp

ZUCCA MODEL AGENCY
Raffiné Tomigaya #601, 2-20-1 Tomigaya,
Shibuya-Ku, Tokyo, 151-0063 Japan
Contact: Kumiko Ueno
T 3 3465 5851
F 3 3465 4871
E zucca@msn.com

WORLD TOP INC
2-1-4 Ebisuminami, PS Heights, Suite 3F,
Shibuya-ku, Toyko 150 Japan
Contact: Hiromi Tashiro
T 3 3719 7751
F 3 3719 8980
E h_tashiro_@classic.msn.com

KOREA ✆82

C.A.T. THE CULTURE PRODUCTION
5F, Joongang Bldg, 99-1 Nonhyun-dong,
Kangnam-gu, Seoul, 135-010 Korea
Contact: Heang Rok Jung
T 2 518 6437
F 2 512 5199
E catwalk@netsgo.com

CHANNEL M. ENTERTAINMENT
13-18 So-Mang B/D, 2nd Floor,
Nonhyun-Dong, Kangnam-Gu, Seoul, Korea
Contact: Mia Kim
T 2 3442 4582
F 2 3442 4584
E miakim75@hotmail.com

Classy Int'l Model Management
I Tae Won Arcade B/D 172-2, Rm 312,
I Tae Won-Dong, Yong San-Gu, Seoul Korea
T 2 790 0096
F 2 790 0772

MODEL CENTER INTERNATIONAL
5F Textile Center B/D, #944-31 Daechi-3 Dong,
Kangnam-Gu, Seoul, 135-713 Korea
Contact: Shin Woo Toh
T 2 528 0888
F 2 528 0886
W www.modelcen.co.kr
E modelcen@chollian.net

PRIME AGENCY CO, LTD
Yuwoo B/D #402, 737-1, Hannam 2-Dong,
Yongsan-Gu, Seoul, Korea
Contact: International Booking Director
T 2 790 5672
F 2 790 5676
E pimm@netsgo.com

STARS

STARS AGENCY, INC.
7F Bong-Gang Bldg 91-10, Nonhyun-Dong,
Kangham-Gu, Seoul, Korea
Contact: Jason Kim
T 2 518 1332
F 2 514 5494

SUN INT'L MODEL MANAGEMENT
#406 Kwang Chang B/D, 644-10 Hannam Dong,
Young San-Gu, Seoul, Korea
Contact: Sunny Chi
T 2 794 5002
T 2 794 5003
F 2 794 9574
E sun5002@nuri.net

What's New Inc
#903-21, 2F, Shinsa 4th B/D, Dae Chi-4 Dong, Kang Nam-Gu,
Seoul, 151-018 Korea
T 2 501 4611
F 2 501 4612

LUXEMBOURG ✆352

Good Shows Mgt Luxemburg
2A, Place de Paris,
Luxemburg, L-2314 Luxemburg
T 489 413
F 404 220

MEXICO ✆525

Seduva Modelos
Montacito 38, World Trade Center, 17 Flr of 19,
Mexico, DF 03810 Mexico
T 488 0809
F 488 0810

Top Productions Model & Talent Mgmt
Saltillo 39, Col Condesa,
Mexico City, DF 06100 Mexico
T 212 1899
F 212 0011

NETHERLANDS ✆31

Company Incognito
Edisonstraat 24-1,
Amsterdam, 1098 TB Netherlands
T 20 663 70-77
F 20 663 70-77

Corine's Agency
Prinsengracht 678,
Amsterdam, 1017 KX Netherlands
T 20 622 67 55
F 20 620 34 09

De Boekers
Herengracht 407,
Amsterdam, 1017 BP Netherlands
T 20 627 27 66
F 20 622 40 78

Elite Amsterdam
Keizersgracht 448,
Amsterdam, 1016 GD Netherlands
T 20 627 99 29
F 20 624 05 07

Euromodel BV
Raadhuisstraat 52,
Amsterdam, 1016 DG Netherlands
T 20 623 79 57
F 20 620 36 11

Fashion Pool
Postbus 69138,
Amsterdam, 1060 CD Netherlands
T 20 615 56-99
F 20 615 90 51

Inter Faces
Marnixstraat 360,
Amsterdam, 1016 XW Netherlands
T 20 420 00 66
F 20 420 65 95

The Model Makers
Prinsengracht 343,
Amsterdam, 1016 HK Netherlands
T 20 623 78 86
F 20 626 72 99

Name Models
Westermarkt 2,
Amsterdam, 1016 DK Netherlands
T 20 638 12 17
F 20 638 51 43

Paparazzi Model Management
Keizersgracht 470,
Amsterdam, 1017 EG Netherlands
T 20 639 39 10
F 20 428 72 27

Touché
Herengracht 138/140,
Amsterdam, 1015 BW Netherlands
T 20 625 02 54
F 20 620 48 05

Ulla Models
Weteringschans 18,
Amsterdam, 1017 SG Netherlands
T 20 626 36 76
F 20 620 01 91

Y-Nau Model Management
2 E Wittenburgerwarsstraat 55,
Amsterdam, 1018 Netherlands
T 20 638 77 14
F 20 638 77 14

Cachet
Stratumsedijk 23G,
Eindhoven, 5611 NA Netherlands
T 40 211 6900
F 40 212 7009

Creative Connections
Kleine Berg 47a,
Eindhoven, 5611 EA Netherlands
T 40 2 96 03 50
F 40 2 44 54 82

L'AVANCE AGENCY MODELS
Emmasingel 39, 2nd Floor,
Eindhoven, 5611 AZ Netherlands
Contact: Donna Bertrand
T 40 245 2130
F 40 243 3620
E lavance.94@was.nl

NEW ZEALAND ✆64

62 MODELS & TALENT LTD.
St Johns Bldg, #1 Beresford St City,
PO Box 33662, Auckland, New Zealand
Contact: Sara Tetro
T 9 377 6262
F 9 376 3329
W www.62models.co.nz
E sara@62models.co.nz

Clyne Management
26 Airedale Street,
Auckland, New Zealand
T 9 358 5100
F 9 358 5300

JDW MODELS & TALENT
Swanson Towers, 25 Lower Federal Street,
1st Floor, Auckland, New Zealand
Contact: Sharon Meachen
T 9 379 5474
F 9 373 4072
E jdwmodels@clear.net.nz

NOVA MODELS & TALENT
P.O. Box 326, Auckland 1
Contact: Maysie Bestall-Cohen
T 9 309 9408
F 9 309 8691
W www.nova-models.co.nz
E models@nova-models.co.nz

Saama Productions Ltd/Global Talent
P.O. Box 56-346, Mt Eden,
Auckland, New Zealand
T 9 358 0318
F 9 358 2108

Clyne Management Inc Exposure Models
160 Tuam Street,
Christchurch, New Zealand
T 3 366 0509
F 3 366 0511

PORTFOLIO MODEL AGENCY
182 Oxford Terrace,
Christchurch, New Zealand
Contact: Lyn Beazer
T 3 379 9011
F 3 379 6911
W www.modelsnz.co.nz
E portfolio@modelsnz.co.nz

RENAISSANCE MANAGEMENT LTD.
190 Hereford Street, Level 1, Suite 111,
Christchurch, New Zealand
Contact: Niki Mealings, Models
Dawn Walsh, Actors
T 3 963 0718
F 3 963 0719
E renmgmt@clear.net.nz

Spotlight Model & Talent Agency
P.O. Box 2961, 90 Hereford Street, Level 3,
Christchurch, New Zealand
T 3 379 9979
F 3 379 9913

VANITY WALK MODEL & TALENT AGENCY
27 St Andrew St, Dunedin
Contact: Margaret Farry-Williams
T 3 477 9609
F 3 474 0552
E vanitywalk@xtra.co.nz

THE AGENCIE - MODEL & TALENT MGMT LTD
P.O. Box 6470, Marion Square, Level 1,
60 Ghuznee Str, Wellington, New Zealand
Contact: Adelle Kenny
T 4 384 4068
F 4 385 2627
E agencie@xtra.co.nz

Double Happy
25 Majoribanks Street, Mt Victoria, 1st Floor,
Wellington, New Zealand
T 4 385 8916
F 4 801 5202

NORWAY ✆47

Kristij Mannequiner & Fotomodeller
Østre Skostredet 5,
Bergen, 5017 Norway
T 55 32 13 28
F 55 32 09 80

MODELLHUSET MODEL MANAGEMENT
Chr. Michelsensgate 2B,
Bergen, 5012 Norway
Contact: Charles
T 55 94 49 50
F 55 94 49 51

BB2 Models
Vestre Torggt. 22,
Bergen, N-5015 Norway
T 55 32 75 50
F 55 31 44 61

PRESTIGE MODEL AGENCY
Madlamarkv. 118,
Hafrsfjord, Stavanger, 4041 Norway
Contact: Inger Løno
T 51 55 03 91
F 51 55 25 15

Elite Modellbyra A/S
Stian Kristensensvei 16,
Rykkinn, 1348 Norway
T 67 17 27 00
F 67 17 27 10

Heartbreak
Lyder Sagensgt 16,
Oslo, 0358 Norway
T 22 60 60 40
F 22 60 01 73

TEAM MODEL & STYLIST MANAGEMENT
Baldersgate 18, P.O. Box 3159,
Oslo, 0208 Norway
Contact: Eivor Ovreboe
T 22 55 88 50
F 22 43 15 54
W www.teammodels.no
E teammod@online.no

PHILLIPPINES ✆63

IDEAL PEOPLE MODEL MANAGEMENT
116 Legazpi Street, P&L Bldg, 4th Floor,
Legaspi Village, Makati City, Philippines
Contact: Jack B. de Mesa, Managing Director
T 2 840 2101
T 2 840 2097
F 2 894 4186
E idealpeople@pacific.net.ph

Image International Inc
17 Abelardo Street, San Lorenzo Village,
Makati City, 1223 Philippines
T 2 817 4753
F 2 817 4083

John Robert Powers Int'l Ltd
Casmer Bldg, 4th Floor
195 Salcedo Street, Makati
Metro Manila, 3117 Philippines
T 2 892 9511

POLAND ✆48

LOOK MODEL MANAGEMENT • WARSAW
Ul. Wilcza 22/6A
Warsaw 00544 Poland
T 22 622 4809
F 22 622 4809
W www.pol.pl
E look@pol.pl

PORTUGAL ✆351

Central
Rua De Santa Catarina 34, 2nd Floor,
Lisbon, 1200 Portugal
T 1 322 4430
F 1 347 1733

L'Agence, Agencia de Modelos
Rua Coelho da Rocha, 69- Porta 12,
Lisbon, 1300 Portugal
T 1 397 4207
F 1 395 2981

Look•Elite
R São João de Nepomuceno, 32B,
Lisbon, 1250 Portugal
T 1 386 2421
F 1 386 0667

MS Alves Lda
Avenue da Republica, 60-8°, Dto,
Lisbon, 1000 Portugal
T 1 795 9360
F 1 795 9356

Setima Fila
Praêa José Fontama, 16 Sobre Lj,
Lisbon, 1050 Portugal
T 1 353 1728
F 1 353 1731

Taxi Models
Av Da Liberdade, No 166-3°,
Lisboa, 1250 Portugal
T 1 322 4122
F 1 322 4124

ROMANIA ✆40

INTERNATIONAL MODELING AGENCY
P.O. Box 27-21, COD 77-550,
Bucharest, Romania
Contact: Liviu Miron, President
Ana-Maria Tudorache, Director
T 1 413 2534 Tel/Fax Only
T 1 413 3914
T 092 223 343 Mobile
W www.domino.ima.kappa.ro
E ima@mail.kappa.ro.
***See Ad This Section.**

LOOK MODEL MANAGEMENT • BUCHAREST
Bulevard Unirii, BL. K3,
SC 2, ET4, Apt. 38, Bucharest
T 1 322 9304
F 1 322 9304
E look@customers.digiro.net

M.R.A MODELS AGENCY
49, Dionisie Lupu Street,
3rd Floor, Suite 7, Sector 1,
Bucharest, Romania
Contact: Liviu Ionescu, Director
T 1 211 0595 Tel/Fax
T 1 211 7856
T 1 211 2855

SINGAPORE ✆65

GENAGE MODELS • ASIA & PACIFIC
40-A, Kandahar Street,
Singapore, 198895 Singapore
Contact: Mr. Alex Liu
T 295 6065
F 297 6774
W www.genagemodels.com/asia-pacific
E asia-pacific@genagemodels.com

John Robert Powers
391A OrchaRoad Rd, #12-01,
Singapore, 238873 Singapore
T 668 6221
F 339 1676

MANNEQUIN STUDIO PTE LTD.
#01-00 No. 49, Cantonment Road,
Singapore, 089750 Singapore
Contact: Yvonne Tan
T 224 8626
F 224 7163
E mstudio@mbox3.com.sg

SLOVAK REPUBLIC ✆421

EXIT MODEL MANAGEMENT
Hlavne namestie 5, 5th Floor,
Bratislava, 81101 Slovak Republic
T 7 5443 1341
F 7 5464 0711
W www.exitmm.sk

FORZA PRODUCTION HOUSE
Bajkalska 25/a,
Bratislava, 82502 Slovak Republic
T 7 4341 5656
F 7 4341 5521
W www.forza.sk
E forza@isternet.sk

LOOK MODEL MANAGEMENT • BRATISLAVA
Na Vrsku 1,
Bratislava 81101 Slovak Republic
T 7 5443 4872
F 7 5443 4819

SLOVENIA ✆386

Model Group
Nazorjeva 2/I,
Ljubljana, 1000 Slovenia
T 61 125 2204
F 61 125 2344

SOUTH AFRICA ✆27

BASE MODEL AGENCY
The Foundry Courtyard, Prestwich Street,
Cape Town, 8005 South Africa
Contact: Neal Vincent or Gareth Lynch
T 21 418 2136
F 21 418 2135
W www.faces.co.za
E base@icon.co.za

Boss Models
27 Grimsby Road, Sea Point,
Cape Town, 8001 South Africa
T 21 434 5207
F 21 434 5208

Elite Model Management
The Studios 112 Buitengracht Street, Suite 508,
Cape Town, 8000 South Africa
T 21 422 0004
F 21 422 0007

E-male
The Studios, 112 Buitengracht Street, Suite 508,
Cape Town, 8001 South Africa
T 21 423 1911
F 21 422 0007

G3 MODEL AGENCY (PTY) LTD.
Loft 214, Victoria Junction, Gate 4,
Prestwich Street, Green Point,
Cape Town 8005 South Africa
Contact: Anton Gouwsventer
T 21 419 1101
F 21 425 2790
E g3@dockside.co.za

MAX MODELS
9 Hopeville Street,
Cape Town, 8001 South Africa
Contact: Lyn/Mark
T 21 462 4910
F 21 462 4915
W www.maxmodels.co.za
E maxmodels@maxmodels.co.za

The Model Co
20 Wandel Street, Gardens,
Cape Town, 8001 South Africa
T 21 462 2461
F 21 461 3869

MODEL TEAM
28 Scott Street, Gardens,
Cape Town, 8001 South Africa
Contact: Fiona Craig
T 21 465 0480
T 21 465 0481
F 21 465 6638
E modelt@netactive.co.za

Outlaws Model Agency
11 Wessels Road, Greenpoint,
Cape Town, 8001 South Africa
T 21 439 3999
F 21 434 3130

SCREENFACE MODEL MANAGEMENT AGENCIES
218 Loop Street,
Cape Town, 8001 South Africa
Contact: Renico Von Rensburg
T 21 423 4065
F 21 423 3643
W www.screenface.co.za
E renico@screenface.co.za

SHARON MULLIGAN MODEL MANAGEMENT
P.O. Box 178, Green Point,
Cape Town, 8051 South Africa
Contact: Virgina
T 21 439 0304
F 21 439 0303
E mulligans@mweb.co.za

Studio 000.1 Triple-0-One Model Management
192 Loop Street, Central,
Cape Town, 6000 South Africa
T 21 22 2385
F 21 22 2392

TOPCO MODELS
Touchstone House, 7 Bree Street, 2nd Floor,
Cape Town, 8000 South Africa
Contact: Linsay Shuttleworth
T 21 419 6162
F 21 419 6165
W www.topcomodels.co
E topco@netactive.co.za

Leigh Downing Model Agency
140B Florida Road, Morningside,
Durban, South Africa
T 31 303 2980
F 31 23 0928

AMM MODELS
Rosebank Mews,
173 Oxford Road, Suite 308C,
Johannesburg, South Africa
Contact: Jenni Vorster
T 11 880 6688
F 11 880 3979
E amm-model@global.co.za

G3 MODEL AGENCY (PTY) LTD.
Hazeldene Hall, Junction Avenue, Parktown
Johannesburg, 2193 South Africa
Contact: Carl Heunis
T 11 484 3317
T 11 484 3018
F 11 484 3019
E g3models@icon.co.za

Gapa Model Agency
P.O. Box 1305, Parklands,
Johannesburg, 2121 South Africa
T 11 783 3251
F 11 783 3263

HEADS MODEL AGENCY
2nd Floor, "The Mews" Rosebank,
Johannesburg, 2196 South Africa
Contact: Monica / Massimo
T 11 442 6020
F 11 442 7306
E niven@icon.co.za

Next Management
272 East Road Morningside,
Johannesburg-Gauleng, 2057 South Africa
T 11 883 9593/4/6
F 11 883 9597

Supermodels
25 Rudd Road, Illovo, 1st Floor,
Johannesburg, 2196 South Africa
T 11 880 7520
F 11 880 7511

TOPCO MODELS
114 Jan Smuts Avenue, Rosebank,
Johannesburg, 2193 South Africa
Contact: Patience Muzanenhamo-Lusengo
T 11 327 5341
F 11 327 6586
W www.topcomodels.co
E personaltouch@pixie.co.za

SPAIN ✆34

Elite Models
Av Tibidabo, 56,
Barcelona, 08035 Spain
T 93 418 80 99
F 93 211 05 91

FLEMING MODELS
C-Dr. Fleming #13, 4th Floor, 2nd Door,
Barcelona, 08017 Spain
Contact: Rachel and Laura
T 93 209 9902
T 93 209 0802
F 93 209 8088
E fleming-modeling-ag@bcn.servicom.es

Francina
Ronda General Mitre170, ático 2,
Barcelona, 08006 Spain
T 93 212 56 26
F 93 418 29 59

GROUP
Pº de Gracia, 67, pral. 1ª,
Barcelona, 08008 Spain
T 93 488 2662
F 93 488 0232
W www.groupmodels.com
E info@groupmodels.com

LA AGENCIA MODEL MANAGEMENT
449, Diagonal Ave,
Barcelona, 08036 Spain
Contact: Santiago Lopez-Guix
T 93 444 3000
F 93 444 3001
E la_agencia@seker.es

NATASHA'S MODELS
Avenida Diagonal, 469 6º 2ª,
Barcelona, 08036 Spain
Contact: Natasha Gounkevitch
T 93 405 3435
F 93 439 5456
W www.natashas.com
E natasha-models@natashas.com
E natasha@mx3.redestb.es

Paula's Models
Riera de San Miguel, 55,
Barcelona, 08006 Spain
T 93 217 04 94
F 93 217 26 00

Salvador Model Agency
403, Diagonal Avenue,
Barcelona, 08008 Spain
T 93 416 00 06
F 93 415 39 50

Traffic
C/-Beethoven 15,
Barcelona, 08021 Spain
T 93 414 0268
F 93 200 6414

Olé Model Management
C/ Perez Galdós 23-2P,Santa Cruz de Tenerife,
Canary Islands, 38003 Spain
T 922 24 76 56
F 922 24 63 99

This Way
Calle Padre Cueto 14-1° B, Las Palmas,
Canary Islands, 35008 Spain
T 928 26 39 55
F 928 27 41 51

Avenue
Génova, 23, 1st Floor,
Madrid, 28004 Spain
T 91 308 29 34
F 91 308 30 03

DELPHOSS/MEHGA MODELS
Sagasta 4, 2nd Floor,
Madrid, 28004 Spain
Contact: Pilar Rasilla
T 91 521 73 73
T 91 521 78 78
F 91 523 55 90
F 91 532 29 51
E delphoss@interbook.net

GROUP
Alcalá 87, 3°,
Madrid, 28009 Spain
Contact: Rosana
T 91 431 30 11
F 91 578 12 19

Hollywood
O'Donnell, 27, bajo dch,
Madrid, 28009 Spain
T 91 576 11 11
F 91 576 75 50

ISASI Agency & School Models
10 Encarnacion, Bajo Dcha,
Madrid, 28013 Spain
T 91 541 60 07
F 91 541 90 43

Magic
Mone-Esquinnza 24-bajo dcha,
Madrid, 28010 Spain
T 91 319 2300
F 91 310 4841

Maroe Management
Princesa, 31, 7°-3,
Madrid, 28008 Spain
T 1 91 548 27 67
F 91 541 73 78

STARS MODEL AGENCY
Plaza Espana 18, 4th Floor, Suite 16,
Madrid, 28008 Spain
Contact: Bernardo Gil
T 91 541 96 90
F 91 542 96 57
W www.staragency.es
E stars@mail.ddnet.es

Palm Studios
Carladés, n° 6, bajos,
Palma de Mallorca, Baleares 07012 Spain
T 971 71 47 26
F 971 71 88 96

SWEDEN ✆46

AVENUE MODELLER
östra Hamngatan 50, Box 53020,
Göteborg, 400 14 Sweden
Contact: Mr. Lennart Höglund
T 31 774 15 74
F 31 774 15 75
W www.avenue-modeller.o.se
E lennart@avenue-modeller.o.se

Vastvenska Modellgruppen
Sten Sturegatan 8,
Göteborg, 41138 Sweden
T 31 81 19 04
F 31 81 10-66

Modellink
Östra Homngatan 52,
Gothenburg, 41109 Sweden
T 31 131 533
F 31 131 534

Face It
Grevgatan 22,
Stockholm, 11453 Sweden
T 8 662 7296
F 8 662 5718

Clique Model Search Worldwide
Hornsgatan 65,
Stockholm, 11849 Sweden
T 8 668 6817
F 8 841 928

Mikas Modellkonsult AB
Ragvaldsgatan 14,
Stockholm, 11846 Sweden
T 8 641 5566
F 8 641 2145

Stockholmgruppen Models
Mosebacke Torg 4,
Stockholm, 11646 Sweden
T 8 644 8300
F 8 643 6390

SWITZERLAND ©41

Elite Fribourg
15 Rue des Arsenaux 1700,
Fribourg, 1700 Switzerland
T 26 322 3280
F 26 222 4956

Charlotte Fischer
Markusstr 20,
Zürich, 8006 Switzerland
T 1 363 19 58
F 1 362 17 86

Mad Company
Am Wasser 158,
Zürich, 8049 Switzerland
T 1 342 44 22
F 1 342 44 40

Option Model AG
Stüssistr 83,
Zürich, 8057 Switzerland
T 1 363 60 20
F 1 363 72 33

PMS Photo Model Services
Albisstrasse 131,
Zürich, 8038 Switzerland
T 1 481 06 48
F 1 481 06 52

Special
Seefeldstrasse 231,
Zürich, 8008 Switzerland
T 1 422 39 10
F 1 422 39 48

Time Model Agency
Spitalgasse 4,
Zürich, 8001 Switzerland
T 1 261 60 40
F 1 262 08 25

TAIWAN ©886

CK International Model & Talent Agency
9F-1, 505 Kwang Fu South Road,
Taipei, 110 Taiwan
T 2 8789 0720
F 2 8788 2112

FASHION MODEL MANAGEMENT
11F-4, No 230, Sec 2, Shin-Yi Rd,
Taipei, Taiwan ROC
Contact: Paul Chang
T 2 2394 5258
F 2 2394 5227
E fashionn@ms25.hinet.net
***See Ad This Section.**

FMI-Face Models Int'l
4F, No 5, Lanes 45, Sec 2, Chung-Shan N Road,
Taipei, Taiwan, R.O.C
T 2 2567 7002
F 2 2567 7004

Mode Models
4F-2, No 39, Sec 3, Chung Shan,
Taipei, Taiwan
T 2 2586 5680
F 2 2585 2541

NEW FACE MODEL AGENCY
14F-2, No 230, Sec 2, Shin-Yi Rd,
Taipei, Taiwan, ROC
Contact: Mr. Paul Chang
T 2 2394 4426
F 2 2341 5651
E p888@ms8.hinet.net.
***See Ad This Section.**

PT MODELS
4F, No 171, Sec 4, Pa-Teh Rd,
Taipei, Taiwan, ROC
Contact: Jill Sheu
T 2 2762 7001
F 2 2769 0039
E ptmodels@ms12.hinet.net

QUEENS MODEL AGENCY
13F-6, No 230, Sec 2, Shin-Yi Rd,
Taipei, Taiwan ROC
Contact: Paul Chang
T 2 2391 3557
F 2 2395 9408
E queens@ms34.hinet.net
***See Ad This Section.**

U.M.A. • UNITED MODEL AGENCY
1F, No. 152, Tehchang Street,
Taipei, Taiwan
Contact: Alex
T 2 2339 5138
F 2 2339 5148
E umamodel@saturn.seed.net.tw

UNIQUE PREMIER MODEL MANAGEMENT
3F, No.1, Lane 106, Sec. 3, Pa-Teh Rd,
Taipei, 10551 Taiwan
Contact: Kris Fang
T 2 2579 8068
F 2 2579 1165
W www.uniquepremiermodels.com
E krisfang@ms9.hinet.net

THAILAND ✆66

John Robert Powers
5 Soi Pipat, Silom Road,
Bangkok, 10500 Thailand
T 2 236 8160
F 2 235 0130

P & N INTERNATIONAL MODEL MANAGEMENT
514/59-60 Thongprasert,
Pattanakarn Road, Suanluang Dist.,
Bangkok, 10250 Thailand
Contact: Chin Manasmontri/Khoon Ah
T 2 319 9251
T 2 319 9252
F 2 319 8232

TURKEY ✆90

Metropolitan-DAME
Fugen sok, No 5,
Istanbul, 80620 Turkey
T 212 282 4192
F 212 282 4150

Top Models
Hassanbedrettin Sok 4/7 Hamdi Bey Apt,
Istanbul, 81070 Turkey
T 216 355 2119
F 216 357 2381

UKRAINE ✆380

O.F.I. Models
38-44, Degtyarivska Str,
Kiev, Ukraine
T 44 211 0220
F 44 211 0300

URUGUAY ✆598

Valentino Bookings International
Perez Castellano 1536,
Montevideo, 11000 Uruguay
T 2 915 4003
F 2 915 6984

VENEZUELA ✆58

Bookings Int'l Model Agency
Av Caurimare, Colinas de Bella Monte, Qta 284,
Caracas, 1042 Venezuela
T 2 751 2013
F 2 751 2446

Mariela Centeno Model Agency
Calle New York Edif: Feran Piso 1, Las Mercedes, Local 1,
Caracas, Venezuela
T 2 993 5004

GENAGE MODELS • VENEZUELA
Urb. San Jose de Tarbes. Res. Tarbes A. Local A
Valencia, Carabobo, 2001 Venezuela
Contact: Fernando Aular
Luis Gaslonda / Miguel Cesar
T 041 251 040
F 041 667 161
W www.genagemodels.com/venezuela
E venezuela@genagemodels.com

YUGOSLAVIA ✆381

LOOK MODEL MANAGEMENT • BELGRADE
Narodnog Fronta 18, Belgrade 11000 Yugoslavia
T 11 36 11 733
F 11 685 509

GENERAL INDEX

M

N

O

P

R

S

T

U

V

W

Y

ADVERTISING INDEX

N

O

P

Q

R

S

T

U

W

The times in the following cities and countries are it is 12:00 noon (Eastern Standard Time) in New York City. Listing in italics are the times the next calendar day.

Anchorage........................8:00 am
Argentina.........................2:00 pm
Australia (Perth)...............1:00 am
Austria..............................6:00 pm
Bahamas.......................12:00 noon
Belgium............................6:00 pm
Bermuda...........................1:00 pm
Brazil................................2:00 pm
Canada (Toronto)........12:00 noon
Chicago..........................11:00 am
Chile.................................1:00 pm
China................................1:00 am
Colombia......................12:00 noon
Costa Rica.....................11:00 am
Denmark...........................6:00 pm
Denver...........................10:00 am
Detroit.........................12:00 noon
Dominican Republic........12:00 am
Egypt...............................7:00 pm
England............................5:00 pm
Finland.............................7:00 pm
France..............................6:00 pm
Germany...........................6:00 pm
Greece..............................7:00 pm
Guam................................3:00 am
Hong Kong.......................1:00 am
Houston..........................11:00 am
Hungary...........................6:00 pm
India...............................10:30 pm
Indonesia........................12:00 am
Ireland.............................5:00 pm
Israel...............................7:00 pm
Italy.................................6:00 pm
Jamaica..........................11:00 am
Japan...............................2:00 am
Korea...............................2:00 am
Los Angeles......................9:00 am
Mexico (Mexico City)......11:00 am
Miami...........................12:00 noon
Netherlands......................6:00 pm
New Zealand.....................5:00 am
Norway.............................6:00 pm
Pakistan..........................10:00 am
Peru..............................12:00 noon
Phillipines........................1:00 am
Poland..............................6:00 pm
Portugal (mainland).........6:00 pm
Puerto Rico.......................1:00 pm
Russia (Moscow)..............8:00 pm
Singapore.........................1:00 am
South Africa.....................7:00 pm
Spain................................6:00 pm
Sri Lanka........................10:30 pm
Switzerland......................6:00 pm
Thailand.........................12:00 am
Uruguay............................2:00 pm
Venezuela.........................1:00 pm
West Indes........................1:00 pm

Airline Reservations

Name	Toll Free #	Web Site
Aer Lingus	800-223-6537	
America West	800-235-9292	
American	800-433-7300	www.americanair.com
British Air	800-247-9297	www.britishairways.com
Carnival	800-824-7386	
Continental	800-525-0280	www.flycontinental.com
Delta	800-221-1212	www.delta-air.com
Japan	800-525-3663	www.jal.co.jp
JetTrain	800-359-4968	
KLM	800-374-7747	www.klm.nl
Lufthansa	800-645-3880	
Midwest	800-452-2022	
Northwest	800-225-2525	www.nwa.com
Qantas	800-225-2525	www.nwa.com
Scandinavian	800-221-2350	www.sas.se
TWA	800-221-2000	www.twa.com
USAir	800-428-4322	www.usair.com
United	800-241-6522	www.ual.com
Western Pacific	800-930-3030	

Automobile Rentals

Alamo		
Domestic	800-327-9633	www.goalamo.com
Int'l	800-522-9696	www.goalamo.com
Avis		
Domestic	800-331-1212	www.avis.com
Canada	800-879-2847	www.avis.com
Int'l	800-331-1084	www.avis.com
Budget		
Domesti	800-527-0700	
Int'l	800-472-3325	
Dollar	800-800-4000	
Enterprise	800-325-8007	
Hertz		
Domestic	800-654-3131	www.hertz.com
Canada	800-263-0600	www.hertz.com
Toronto	416-620-9620	www.hertz.com
Int'l	800-654-3001	www.hertz.com
National		
Domestic	800-227-7368	www.nationalcar.com
Int'l	800-227-3876	www.nationalcar.com
Thrifty	800-FOR-CARS	www.thrifty.com
Value	800-468-2583	www.govalue.com

Hotel Reservations

Name	Toll Free #	Web Site
Americana	800-263-3508	
Best Western	800-528-1234	www.bestwestern.com/best.html
Clarion	800-252-7466	www.hotelchoice.com
Comfort Inns	800-228-5150	www.hotelchoice.com
Courtyard	800-321-2211	
Crowne Plaza	800-2Crowne	www.crowneplaza.com
Days Inn	800-325-2525	www.daysinn.com/daysinn/html
Delta Hotels	800-268-1133	www.deltahotels.com
Doubletree	800-222-TREE	www.doubletreehotels.com
Econo Lodge	800-553-2666	www.hotelchoice.com
Embassy Suites	800-362-2779	www.embassy-suites.com
Fairfield Inns	800-228-2800	www.marriott.com
Four Seasons	800-332-3442	www.fshr.com
Friendship Inns	800-453-4511	www.hotelchoice.com
Hampton Inns	800-426-7866	www.hampton-inn.com
Harley Inns	800-321-2323	www.harleyhotels.com
Hilton Hotels	800-445-8667	www.hilton.com
Holiday Inn	800-465-4329	www.holiday-inn.com
Homewood	800-225-5466	www.homewood-suites.com
Howard Johnson	800-654-2000	www.hojo.com/hojo/html
Hyatt	800-228-9000	www.travelweb.com
Intercontinental	800-327-0200	www.interconti.com
Mainstay Suites	800-660-6246	www.hotelchoice.com
Marriott Hotels	800-228-9290	www.marriott.com
Nikko Int'l	800-645-5687	
Omni Int'l	800-843-6664	
Quality Inn	800-228-5151	www.hotelchoice.com
Radisson	800-333-3333	www.radisson.com
Ramada/Canada	800-272-6232	www.ramada.com/ramada.com
Ramada Int'l	800-268-8998	www.ramada.com/ramada.com
Red Lion	800-547-8010	www.travelweb.com
Red Roof Inns	800-843-7663	www.redroof.com
Renaissance	800-468-3571	www.travelweb.com
Residence Inn	800-331-3131	www.marriott.com
Rodeway Int'l	800-228-2000	www.hotelchoice.com
Sheraton	800-325-3535	www.sheraton.com
Sleep Inns	800-753-3746	www.hotelchoice.com
Sonesta Int'l	800-766-3782	www.travelweb.com
Super 8 Motels	800-800-8000	www.super8motels.com/super8/html
Travelodge	800-578-7878	
Utell Int'l	800-223-9868	
Westin Hotels	800-228-3000	www.westin.com
Wyndham	800-996-3426	www.travelweb.com

Height

ft / inches	meters / cm's
5'3"	1.60
5'4"	1.63
5'5"	1.65
5'6"	1.68
5'7"	1.70
5'8"	1.73
5'9"	1.75
5'10"	1.78
5'11"	1.80
6'	1.83
6'1"	1.85
6'2"	1.88
6'3"	1.90
6'4"	1.93
6'5"	1.95
6'6"	1.98

Dimensions

inches	cm's
21"	53
22"	56
23"	58
24"	61
25"	64
26"	66
27"	69
28"	71
29"	74
30"	76
31"	79
32"	81
33"	84
34"	86
35"	89
36"	91

Women's Shoes

Amer'n	Cont'l
5.5	37
6	37
6/5	38
7	38
7.5	39
8	39
8.5	40
9	40
9.5	41
10	41
10.5	42

Men's Shoes

Amer'n	Cont'l
8	41
8.5	42
9	42
9.5	43
10	43
10.5	44
11	44
11.5	45
12	45
12.5	46
13	46

Women's Dress Sizes

Amer'n	Cont'l
4	34
5	35
6	36
7	37
8	38
9	39
10	40
11	41
12	42
13	43
14	44

Men's Suit Sizes

Amer'n	Cont'l
39	49
40	50
41	51
42	52
43	53

Men's Shirt Sizes

14	36
14.5	37
15	38
15.5	39
16	41

Temperature Conversions

Farenheit	Centigrade
-20	-28.9
-10	-23.3
0	-17.8
10	-12.2
20	-6.7
32	0
38	3.3
40	4.4
42	5.6
46.4	8
50	10
55	12.8
60	15.6
65	18.3
70	21.1
75	23.9
80	26.7
85	29.4
90	32.2
95	35
98.6	37
100	37.7
105	40.5
110	43.3
115	46.1
120	48.9
125	51.7
130	54.4
135	57.2
150	65.6
160	71.1
170	76.7
180	82.2
190	87.8
200	93.3
212	100

Decimal Equivalents

1/64	.0156
1/32	.0313
3/64	.0469
1/16	.0625
5/64	.07813
3/32	.09375
7/64	.10938
1/8	.125
9/64	.14063
5/32	.15625
11/64	.17188
3/16	.1875
13/64	.20313
7/32	.21875
15/64	.23438
1/4	.25
17/64	.26563
9/32	.28125
19/64	.29688
5/16	.3125
21/64	.32813
11/32	.34375
23/64	.35938
3/8	.375
25/64	.39063
13/32	.40625
27/64	.42188
7/16	.4375
29/64	.45313
15/32	.46875
31/64	.48438
1/2	.50
33/64	.51563
17/32	.53125
35/64	.54688
9/16	.5625
37/64	.57813
19/32	.59375
39/64	.60938
5/8	.625
41/64	.6406
21/32	.6563
43/64	.6719
11/16	.6875
45/64	.7031
23/32	.7188
47/64	.7344
3/4	.750
49/64	.7656
25/32	.7813
51/64	.7969
13/16	.8125
53/64	.8281
27/32	.8438
55/64	.8594
7/8	.875
57/64	.8906
29/32	.9063
59/64	.9219
15/16	.9375
61/64	.9531
31/32	.9688
63/64	.9844

Weight Conversions

1 milligram	0.015 grains
1 gram	0.035 ounces
1 kilogram	2.205 pounds
1 metric ton	1.102 tons
1 ounce	28.350 grams
1 pound	453.592 grams
100 pounds	45.3592 kilograms
1 ton	0.90718 metric tons
1 ounce	29.58 milliliters
1 quart	0.9464 liters
1 gallon	3.7854 liters / 0.3875 dekaliters
1 milliliter	0.0348 ounces
1 liter	1.0567 quarts / 0.2642 gallons
1 dekaliter	2.6417 gallons
1 bushel	0.3524 kektoliters
2 pints (dry)	1 quart
8 quarts (dry)	1 peck
4 pecks (dry)	1 bushel
36 bushels (dry)	1 chaldron
4 gills (liquid)	1 pint
2 pints (liquid)	1 quart
4 quarts (liquid)	1 gallon
31-1/2 gallons (liquid)	1 barrel